Un jardín
más allá del Paraíso

Poemas de Amor de Rumi

Vanditā Martín Fernández

Traducción de la versión inglesa
de
Jonathan Star y Shahram Shiva

Título original: A Garden Beyond Paradise, Love Poems of Rumi.

© Copyright Jonathan Star, 2004
© Copyright de la traducción a español: Marta Martín
Fernández, 2004
© De esta edición: Marta Martín Fernández

Traducción: Marta Martín Fernández
Diseño de la portada: Jota Román

ISBN: 84-609-6509-0

Para más información sobre este libro: rudram@ono.com

A nuestra Amada

صنم بابا

Espera a mirar en tu interior
    y ver lo que tienes.
Mi querido amigo,
un pétalo de ese jardín
    vale más que todo el Paraíso.

— Rumi

Quisiéramos dar las gracias a todas aquellas personas cuyo tiempo y esfuerzo han contribuido a esta obra. Gracias especialmente a George Franklin por sus comentarios sobre los poemas ya finalizados, a William Chittick, Orrin Star, Patrick Tierney y Swami Anantananda por sus comentarios sobre la introducción. Gracias también a Khanum Naz Zar.

ÍNDICE

INTRODUCCIÓN

Nunca se ha expresado el pulso de la espiritualidad oriental y occidental con el extraordinario ímpetu que inunda la obra del santo sufí Jalaluddin Rumi. Su poesía abarca toda época y cultura, todo misterio y toda Verdad. Sus palabras brotan de un espacio de amor e inspiración, de un lugar donde el alma y su creador son uno mismo. Durante su vida, los musulmanes, los judíos y los cristianos se sintieron inspirados por sus palabras y utilizaron sus enseñanzas para iluminar las atemporales verdades espirituales de su fe.

Hasta este día, casi ocho siglos después de su muerte, el mundo sigue encontrando inspiración en sus exquisitos versos. Resulta inevitable comprobar que revelan algún íntimo aspecto de nosotros mismos, que descubren algún anhelo secreto o que expresan perfectamente nuestros sentimientos más íntimamente guardados. Al captar el pulso espiritual de su época, Rumi ha abrazado todas las épocas. Al expresar el éxtasis de su corazón, ha conseguido tocar todos los corazones.

Rumi nació en 1207 en Balkh (ciudad del Afganistán actual), en la frontera este del Imperio Persa. Le llamaban cariñosamente Jalaluddin ("la gloria de la fe"). Balkh era un próspero centro de estudio islámico y una capital budista próxima a la ruta de la seda, donde tuvo lugar un rico intercambio de productos e ideas. La familia de Rumi gozaba de gran prestigio allí. Su padre, Baha Walad, fue un famoso erudito y un adepto sufí. En el año 1219, cuando las hordas mogolas de Gengis Kan se aproximaron a la ciudad, Baha Walad huyó a la zona oeste del imperio con su familia y sus discípulos. Un año después, las hordas mogolas destruyeron Balkh y el resto de ciudades de esa región. Según un registro de la época: *"Se destruyeron catorce mil copias del Corán, quince mil estudiantes y profesores fueron asesinados y doscientos mil hombres fueron conducidos a las afueras para morir a manos de los arqueros".*

Tras nueve años de viaje, la familia de Rumi se dirigió al Imperio Seljuk (la Turquía actual) donde muchos teólogos, eruditos y artistas se refugiaron durante esta conflictiva época. Cuando el rey Seljuk supo de Baha Walad y de su familia, les invitó a instalarse en Konya, la capital.

Rumi, conocido por este nombre sólo en Occidente, viene de *Jalalddin de Rum*, Roma, porque en relación al Imperio Persa, Konya se encuentra en dirección a Roma.

El rey nombró a Baha Walad responsable de una madrasa (universidad) recién construida en el centro de la ciudad. Rumi, todavía bajo la tutela de su padre, continuó estudiando las disciplinas de su herencia. A los veinticuatro años era ya un reconocido maestro de gramática árabe, teología, astronomía y saber popular sufi. Unos años después de su llegada a Konya, Baha Walad murió y Rumi asumió el puesto de su padre como cabeza de la universidad. El brillante joven enseñó con gran pompa y talento, resolviendo los problemas más complejos y enigmáticos de la teología. Se convirtió en el guía espiritual de miles de discípulos, incluyendo al rey, y todos le llamaban *Maulana*: "nuestro maestro".

A pesar de su genialidad y de sus logros, Rumi no se sentía completo. Le faltaba la experiencia directa de Dios, a quien los sufis consideraban su "Amado", su "Amor". Rumi entendía el misterioso "vino" del sufismo: sabía qué aspecto tenía, cómo olía, de dónde venía, cómo prepararlo y cómo enseñárselo a los demás. Sin embargo, ¡él nunca lo había saboreado! Una tarde de 1244 todo cambió. Rumi conoció a un derviche errante llamado Shams de Tabriz. Shams le dio a probar ese sabor divino, la experiencia directa de su propia divinidad, y la vida de Rumi nunca volvió a ser la misma.

Este encuentro histórico suele describirse con la frase coránica: "la confluencia de dos océanos". Se han registrado varios relatos de este encuentro y aunque cada uno difiere en los detalles, todos coinciden al describir la conmoción que sintió Rumi y su instantáneo reconocimiento de que toda su preparación intelectual no valía nada, comparada con la experiencia de su propia alma y del "mundo invisible".

Sultan Walad, uno de los hijos de Rumi, escribió:

> *Por su gran pureza y fe, Maulana [Rumi] fue elegido por Dios, quien le reveló su rostro [su verdadera forma], otorgándole todos los favores y bendiciones de esta extraordinaria concesión. Tras años de anhelo vio el rostro de Dios y todos los secretos del Universo se revelaron ante él. Vio lo que no podía verse, escuchó lo que no podía oírse. Shams le mostró el océano del Amor. Maulana se sumergió en él y nunca volvió.*

Un despertar, una iluminación, una fuerza divina y misteriosa había sido transferida de Shams a Rumi. Comentando este fenómeno, la erudita francesa Eva de Vitray-Meyerovitch escribe: *"No se trata únicamente de la enseñanza de un método [que provoca esta transformación]... sino de una iniciación, una transmisión; la comunicación de una fuerza espiritual, un influjo divino (baraka) que sólo puede otorgar el cabeza de un linaje [de maestros] que retrocede hasta el profeta mismo".*

Las escrituras yóguicas denominan a este "influjo divino", a este despertar de la energía espiritual, *Shaktipat*, y lo consideran el primer paso en el camino hacia la realización de Dios.

La vida de Rumi transcurrió entonces en compañía de Shams: junto a él, todas las austeridades que había realizado dieron fruto. Shams refinó su entendimiento y le reveló los misterios del Universo. Pero esos días dichosos tendrían un pronto final: tras permanecer en Konya durante sólo dieciséis meses, Shams desapareció misteriosamente. Ahmed Al Aflaki, un discípulo del nieto de Rumi, dio cuenta de lo siguiente:

> *Cuando Rumi supo que Shams había desaparecido, se le rompió el corazón y no podía dormir. Una mañana, de madrugada, se quedó dormido y soñó que Shams estaba sentado con un joven francés en una pequeña taberna a las afueras de Damasco. Estaban jugando a los dados. Con cada tirada Shams ganaba más dinero, hasta que finalmente dejó al joven sin nada. En ese momento, el francés saltó sobre Shams y le golpeó en la cara.*
>
> *Rumi despertó inmediatamente. Llamó a su hijo Sultan Walad y le dijo: "Ve a Damasco, a una pequeña taberna al pie de las montañas Salijiyye. Allí encontrarás a Shams jugando a los dados. Toma estas bolsas llenas de oro y plata, colócalas en sus zapatos, gíralos hacia Konya e implórale que regrese con nosotros".*
>
> *Siguiendo fielmente las instrucciones de su padre, Sultan Walad partió hacia Damasco junto con veinte discípulos. Cuando llegaron a la taberna, encontraron a Shams tal y como Rumi lo había descrito: estaba siendo golpeado e insultado por un joven francés. Sultan Walad cayó a los pies de Shams, derramó las bolsas de oro y plata en sus babuchas y le rogó, en nombre de su padre, que volviera a casa. Los veinte discípulos se inclinaron también ante él y le rogaron que perdonara a cualquiera que hubiera podido faltarle al respeto. También ellos le pidieron que regresara.*

Al ver esto, el joven francés se dio cuenta de que había insultado a un gran maestro. Avergonzado, se arrodilló frente a Shams humildemente, le ofreció todo lo que le quedaba y le imploró que le aceptara como discípulo. Shams le respondió: "Regresa a tu país. Visita a los buscadores de allí, reúnelos y recuérdanos en tus oraciones".

Shams accedió a regresar a Konya. Sultán Walad le trajo un caballo y Shams le indicó que lo montara, pero el hijo de Rumi se negó, diciendo: "¿Acaso el rey debería caminar y el sirviente montar? ¡Nunca!", y caminó tras el estribo del caballo de Shams de regreso a Konya.

Tras su dichoso reencuentro con Rumi, Shams le dijo: "He recibido dos regalos de Dios: sabiduría y un corazón puro. A ti te he dado mi sabiduría y a tu hijo un corazón puro. Mil años en este camino no le otorgarían tantos méritos como los que ha recibido en este viaje a Damasco".

Rumi volvió a disfrutar de la compañía extática de Shams, de los largos retiros, de las noches de oración y canto. Una vez más, se sumergió por completo en el Amor. Y una vez más, con la misma premura devastadora Shams desapareció, esta vez para nunca volver.

Durante dos años, Rumi le buscó por todas partes, pero su esfuerzo fue en vano. Cuando regresó a Konya se sentía destrozado por el dolor. Una parte de Rumi había desaparecido con Shams. Para llenar ese vacío, Rumi comenzó a cantar, a bailar y a llenar sus días de música y poesía.

Pasaron los años. Shams ya no estaba, pero mediante la alquimia de este anhelo inquebrantable, Rumi descubrió su propio corazón; descubrió que Shams y él eran uno.

Con una singular empatía, la ciudad de Konya acompañó la transformación de Rumi. Vieron a un joven entrar en la ciudad con su distinguido padre. Le vieron convertirse en un importante erudito y en un elocuente intérprete de la teología islámica. Atestiguaron su encuentro con Shams y observaron perplejos cómo dejó su túnica, se vistió con las ropas de un sufi y comenzó a cantar y bailar en total abandono. Y cuando Shams desapareció, vieron cómo su doloroso anhelo encontró expresión en la poesía. Una poesía que era exquisita y divina, una poesía que cambiaría el corazón del mundo musulmán.

Rumi pasó el resto de su vida en Konya, dedicando su tiempo a las prácticas espirituales, a la enseñanza y a la escritura. Los frutos de su esfuerzo fueron dos obras maestras: el *Divan-e Shams-e Tabrizi*, un volumen de poemas de amor divino, y el *Mathnavi*, un clásico que narra miles de historias y parábolas, que ha sido denominado frecuentemente "el Corán persa" debido a su profunda repercusión. Rumi fue también el guía espiritual de miles de personas y fundó la hermandad Mevlevi de bailarines derviches, que siempre ha encarnado los trazos de su personalidad: humildad, compasión y amor por el prójimo.

El siglo XIII fue una época de gran caos y brutalidad. Fue un tiempo de profundos conflictos y movimientos irreversibles; un tiempo en el que el Islam estaba bajo la soga. De Occidente llegaban las cruzadas dispuestas a recuperar la Tierra Santa y de Oriente las implacables hordas mogolas, que destruyeron brutalmente cada trazo de la cultura islámica. Fue una época de conflictos internos y decadencia moral. Sin embargo, tras estas circunstancias, el Islam irradiaba al mundo rayos de esperanza.

Esta época produjo enseñanzas sublimes y eminentes figuras religiosas. En Europa Central, Meister Eckhart y el santo francés Tomás de Aquino sembraban el evangelio de Jesús. En España, Moisés de León y Maimónides trazaban los cimientos de la teología y el misticismo judío. En la India, un movimiento devocional llamado Bhakti se dirigía hacia el Norte, encabezado por Namdev y Jnaneshwar Maharaj. Oriente vio nacer a Dogen, considerado por muchos el maestro de Zen más grande de todos los tiempos. Durante esta época, el Islam fue también bendecido con los maestros sufis más famosos e influyentes, como Ibn Al Arabi, Fariduddin Attar, Mahmud Shabestari, Amir Khusrau, Fakhruddin Araqi y Jalaluddin Rumi.

El siglo XIII no sólo marcó el comienzo del Renacimiento en Europa, sino también el punto álgido de la cultura islámica. Fue la época dorada de su poesía y de su espiritualidad, con Rumi portando la corona gloriosa. En tiempos de Rumi ya se habían escrito los principales tratados del Islam y del sufismo, y todas las cuestiones religiosas habían sido resueltas.

La teología islámica y el sufismo encontraron un perfecto equilibrio en los escritos de Al Ghazali (1111 DC). La influencia de Grecia en el Islam fue tratada con maestría en la obra de Averroes (1126 – 1198).

Ibn Al Arabi (1165 – 1240) expuso la teoría de la unidad del hombre con Dios y los dos grandes escritores de *Mathnawi* (duetos), Sana´i (1133 DC) y Attar (1119) habían finalizado ya sus epopeyas.

Rumi fue heredero de esta inmensa fortuna intelectual y espiritual. Sin embargo, su gran logro no se vio marcado por el sistema teológico que desarrolló (más bien, no ofreció ninguno), sino por su maestría al dar forma, a la luz de su experiencia personal, a todo el conocimiento que había heredado. Su psique se convirtió en un crisol en el que vertió la sabiduría de su época; y ahí, hirviendo en las profundidades de su alma, en la combustión de su intenso anhelo por Dios, el sufismo encontró su perfecta expresión.

Sufismo es el nombre atribuido a los diversos cultos místicos del Islam que honran, sobre todas las cosas, el amor y la devoción por Dios. Los sufis buscan "los misterios escondidos" de la vida; anhelan una experiencia directa de Dios, a quien llaman "el Amado". Para los sufis, el Amado no es una figura extraña a la que temer, como un estricto maestro. Tampoco es algo distante, como un Absoluto inalcanzable. Más bien, consideran que deben acercarse al Amado con un amor total, sin barreras y con la intimidad y la pasión propias del amor que uno siente por su enamorado. Para celebrar este amor divino, los sufis cantaban y bailaban hasta altas horas de la noche. Según los conceptos sociales de la época, la gente pensaba que estaban locos y así les llamaban; pero al mismo tiempo, reconocían que estos "locos" sufis eran los mejores artistas, poetas y místicos del Islam.

El sufismo surgió en Bagdad durante los siglos VIII y IX, siendo bendecido con la presencia de grandes santos como Rabia de Basra, Bayazid Bestami y Mansur Al Hallaj. Esta secta mística adoptó diversos aspectos de la cultura islámica y fue moldeada por muchas tradiciones, pero podemos estar seguros de que la esencia del sufismo ha existido desde que el alma ha anhelado unirse a su creador. El erudito R. A. Nicholson escribe: *"Todas las manifestaciones del espíritu místico son, básicamente, las mismas. No debería sorprendernos encontrar los mismos principios combinados de diversas formas en tierras remotas y en épocas distintas"*. En el sufismo, quizá más que en cualquier otra tradición mística, este principio adquiere formas muy diversas y aparece en un kaleidoscopio de filosofías y prácticas religiosas.

El sufismo dejó su huella en los primeros pensadores griegos, como Platón, Aristóteles y Plotino (conocido como Shaykh Al Yaunani, "el maestro griego"). Su práctica incluye el uso de rosarios, común al budismo y a otras tradiciones, respetar la vigilia, el voto de silencio y vestir con túnicas de lana, tradición común entre los cristianos. Podemos encontrar la repetición continua del nombre de Dios y la proclamación de la unidad del hombre con Dios en las prácticas yóguicas del hinduismo.

La doctrina sufi coincide con la principal creencia del Islam: "Dios es uno, omnipotente y sublime" y con las enseñanzas del Corán, que contiene citas sobre José, Abraham, Moisés, Jesús y María, así como historias del viejo y del nuevo testamento. En el Corán estas historias han sido resumidas y difieren ligeramente de las versiones judeocristianas. Por ejemplo, a Jesús le considera un profeta y se refiere a él como "el espíritu de Dios", pero no le confiere el estatus de salvador o redentor, ni considera que su vida terminara en la cruz.

Los primeros sufis realizaban prácticas ascéticas similares a las que llevaban a cabo los primeros monjes cristianos. Sin embargo, en el Islam no hay monasterios y el profeta Mahoma, que tuvo nueve esposas, urgía a los hombres a participar en la sociedad. Por lo tanto, el ideal sufi no consagra al hombre a vivir su vida apartado del mundo, sino que le invita a participar plenamente en él, considerando que todo y todos somos un aspecto de Dios, cumpliendo así la frase coránica: "A Dios pertenecen el Este y el Oeste; en cualquier dirección a la que mires, he ahí el rostro de Dios".

El gran Abu Sa´id (1049 DC) practicó severas austeridades durante muchos años (una de ellas consistía en repetir el Corán cada noche, ¡suspendido boca abajo!), hasta que finalmente se dio cuenta de que Dios estaba en todas partes y que podía ser alcanzado mientras la persona llevaba a cabo sus actividades cotidianas. Escribió:

Las personas que quieran acercarse a Dios, deben buscarle en el corazón de los demás. Deben hablar amablemente a todos, estén presentes o ausentes. Si desean ser la luz que guía a otros, entonces, como el Sol, deben mostrar el mismo rostro a todo el mundo. Dar alegría a un solo corazón es mejor que construir mil templos sagrados. Aferrar un alma al Amor es mejor que liberar a mil cautivos.

El [verdadero santo] se encuentra entre la gente. Se levanta por la mañana; come y duerme cuando lo necesita. Compra y vende en el mercado, igual que cualquier persona. Se casa, tiene hijos y se reúne con sus amigos. Pero en ningún momento olvida su unidad con Dios.

Antes de la aparición del sufismo, la poesía persa era insulsa y carente de vida. Las odas expresaban poco más que alabanzas a los dignatarios, o narraban la explotación de los regentes. Las obras líricas no se esforzaban en transmitir sentimientos, emociones o revelaciones espirituales. El sufismo marcó un nuevo comienzo: la poesía se convirtió en un medio para expresar las revelaciones extáticas y el amor divino; se transformó en una fuerza viva que inspiraba la experiencia del éxtasis.

En el siglo IX, los sufis de Bagdad remodelaron las imágenes y las sencillas frases de amor árabes para tratar de capturar una parte de su divina e inefable experiencia del Amor. Durante los dos siglos siguientes, la poesía sufi abarcó distintas formas de cuartetos rítmicos: algunos versos iluminaban una enseñanza espiritual; otros eran recitados espontáneamente por un extático Shaykh (maestro sufi). Finalmente, la teología sufi logró su máxima expresión en la poesía de San´ai (1550 DC). En sus escritos utilizaba todo tipo de versos y ritmos, incluyendo los ghazals (poemas de amor), los ruba´i (cuartetos) y las largas rimas de duetos conocidas como Mathnawi.

Con estos nuevos recursos poéticos, los sufis crearon un lenguaje de metáforas para describir el anhelo divino del alma y su unidad con Dios. A veces, los poetas sufis retratan al alma como una solterona distraída que busca a su amor. Otras, la describen como un pájaro indefenso que busca su nido, como una tierna flor que espera la brisa de la primavera o como un pez que busca el océano, como un peón que pretende convertirse en rey o como José regresando a Canaá tras años de exilio. En sus versos, Rumi asemeja el anhelo del alma al lamento de una flauta de junco que anhela regresar al junco del que fue cortada.

Probablemente, las metáforas sufis más sorprendentes y que más han sido malinterpretadas son aquellas que emplean la imagen del vino, de las tabernas y de la borrachera. Una lectura superficial puede hacernos confundir esta poesía con una sensualidad temeraria y gratuita. Sin embargo, su verdad es totalmente opuesta: estas imágenes son metáforas que tratan de explicar una embriaguez divina e indescriptible. En un burdo lenguaje, dicen que Dios es el Saaqi (el camarero que llena las copas); el néctar del amor de Dios es "el vino" y perderse totalmente en el Amor es "emborracharse completamente". Este pervertido simbolismo seducía enormemente a los sufis, ya que el vino estaba prohibido en el Islam, pero se les prometía en el Paraíso.

Los sufis gritaban: *"¿Por qué esperar al Paraíso, si puedes beber este vino divino ahora mismo?"*

Según R. A. Nicholson: *"Estas metáforas eróticas y libertinas no son exclusivas de la poesía mística del Islam. Sin embargo, en ningún otro camino han sido exhibidas con tanta opulencia y perfección".*

En la poesía sufi, el Amado o Amor está en todo y en todos: a veces refresca el alma, otras veces la atormenta. Es quien porta la copa y es dulce y hermoso. Como el "Amigo", es juguetón y jovial; como "el amante que cautiva el corazón", es rudo, indiferente y cruel. El uso frecuente de imágenes de asesinato, callejuelas llenas de sangre, calderas repletas de cuerpos y cabezas esparcidas por los suelos, puede parecer extraño y escandalizar al lector (no parece, en absoluto, el contenido de un poema de amor), pero para los sufis este tormento es señal de la compasión de Dios: representa la destrucción del ego limitado del hombre y una etapa en la preparación divina de Dios para perfeccionar el alma. Rumi compara este "tormento" en manos del Amado con el agua hirviendo, necesaria para cocinar unos guisantes:

Mira los guisantes en la cazuela, cómo saltan cuando se acercan al fuego. Cada vez que el agua hierve, suben a la superficie y gritan: *"¿Por qué nos torturas con este fuego? Nos elegiste porque te gustamos, pagaste por nosotros. ¿Por qué ahora nos tratas con tal desdén?"*

La mujer los lleva al fondo con la cuchara: *"Así, así. Hervid suavemente; no huyáis de quien prendió el fuego. No os cocino por desdén, sino para que ganéis aroma y sabor".*

Los guisantes responden: *"Si es así, señora, herviremos con agrado. ¡Bendícenos! En este fuego, tú representas el papel de nuestro creador. Remuévenos con tu cuchara, ¡pues esto es nuestra salvación! Entreguémonos a este fuego para unirnos a nuestro Amor".*

En la generación anterior a Rumi, Fariduddin Attar finalizó "El coloquio de los pájaros", un largo poema sobre una bandada de pájaros que partió a una tierra lejana para encontrar a su Pájaro Rey, llamado Simorgh. Al final, los treinta pájaros descubrieron que el rey que habían buscado durante tanto tiempo eran ellos mismos. *Si* significa "treinta" y *morgh,* "pájaros".

Después de Attar, la metáfora de las aves se adentró en el idioma de los sufís. El alma se convirtió en un ruiseñor, los halcones eran fuerzas positivas y los cuervos negativas. Llamaban a las palabras del espíritu, inalcanzables desde la Tierra, "el lenguaje de los pájaros", y el "gran ave" representaba el espíritu trascendente de Dios. A Rumi le encantaba este uso de metáforas porque a Shams, que era conocido por haber viajado mucho, le llamaban *Pirandeh*, "el ave".

Como el alma errante, como el vuelo incesante de las aves, la poesía de Rumi se mueve constantemente. Habla de los movimientos constantes de la vida: la salida y la puesta de Sol, el cambio de las estaciones, el cielo que oscurece al anochecer y el hombre girando sobre sí mismo, acción que encarna el movimiento del cielo y la Tierra. Rumi solía recitar sus poemas mientras bailaba girando sobre sí mismo. La estructura inherente a su poesía —el flujo incesante de su imaginación, la cadencia interior, la repetición de ritmos al estilo de los mantras— refleja a menudo este movimiento circular. Un significado conlleva sutilmente otro y una perspectiva, otra. Incluso el estado de silencio al que se refiere tantas veces no es algo estancado, sino cargado de posibilidades siempre nuevas. Nada referente a Rumi puede darse por sentado: uno debe ser siempre consciente del significado que se esconde tras el significado y del velo que hay tras el velo.

Sin embargo, en el nivel más profundo de la poesía de Rumi sólo se narra una historia: la del alma buscando el Amor. Cada alegoría se refiere a esta búsqueda y cada símbolo representa algún aspecto del Amor. Cuando Rumi utiliza el nombre de su maestro: "Shams", "Shamsuddin" o "Shams de Tabriz", no se refiere literalmente a Shams sino a una imagen muy personal e íntima del Amor.

Cuanto más se lee a Rumi, más obvia es su genialidad. Sin embargo, lo que le ha otorgado el título de "mejor poeta místico de todos los tiempos" no es su genialidad en la poesía ni su brillante maestría del lenguaje, sino el modo en que ha transmitido el poder de su experiencia personal y el fuego de su anhelo con su imaginación y sus palabras. La primavera de la que habla podría representar la unión con Dios, pero para Rumi es una resurrección, mil praderas estallando en color. El Sol puede representar la iluminación divina, pero cada vez que sale refulge con el alma del propio Rumi. Y el Amado, el Amor sobre el que escribió con tanta pasión, no era un mero símbolo, sino una presencia viva en su interior, alimentada con su anhelo humano por Dios.

X

La poesía de Rumi será siempre un fenómeno. Él, como nadie más, ha abrazado la vida para hacerla divina, ha elegido una perspectiva para hacerla universal, ha tomado la gloria de Dios y la ha hecho suya. Es esto lo que Rumi ofrece al mundo. Escribió:

> *Ven, ¡ven! Pues otorgas gloria y belleza.*
> *Ven, ¡ven! Pues eres el remedio de la enfermedad.*
> *Ven, ¡ven! Aunque nunca te has marchado*
> *ven a escuchar mis poemas.*
> *Toma el lugar de mi alma*
> *pues eres mil almas mías.*
> *Fuera tus amantes y tus viejos deseos*
> *¡pues tú eres mi Amor!*

De acuerdo al saber popular, Shams y el poeta y santo Araqi se hospedaron en casa del Shaykh Baba Hemal. Cada día, Araqi relataba sus revelaciones espirituales con los versos más hermosos. Un día, el Shaykh le dijo a Shams: *"Todos los secretos y experiencias del mundo invisible le han sido mostrados a tu hermano Araqi. ¿Acaso no te ha sido revelado nada a ti?"*. Shams respondió: *"Todo me ha sido mostrado, pero no tengo palabras para describirlo"*. Baba Hemal contestó: *"Dios traerá junto a ti a alguien que le narrará al mundo la historia, de principio a fin; la vestirá con las palabras y sonidos más hermosos y la dirá en tu nombre"*.

La afirmación: "de principio a fin" es la obra maestra de Rumi: el *Diván-e Shams-e Tabrizi* (La obra de Shams de Tabriz), una colección de dos mil cuartetos y tres mil cuatrocientas odas que escribió en honor a Shams. Los poemas de este libro han sido seleccionados de esa obra.

El Diván puede considerarse un mapa del camino espiritual: contagia la luz del estado divino de Rumi y dibuja todo el abanico de experiencias y emociones que el buscador puede encontrar en su camino hacia el Amor.

Al igual que la poesía persa de su época, los versos de Rumi responden a una forma y estructura particulares. El cuarteto (ruba'i) que utilizaba consistía en cuatro hemistiquios de igual métrica, donde la primera, segunda y cuarta línea rimaban y, a partir de ahí, los hemistiquios rimaban alternativamente.

He aquí un esquema de las rimas de un cuarteto típico y de una oda de cinco líneas, tal y como serían en persa (leído de izquierda a derecha):

Cuarteto

A ------------------------ A ------------------------
A ------------------------ B (A) ----------------------

Oda

A ------------------------ A ------------------------
A ------------------------ B ------------------------
A ------------------------ C ------------------------
A ------------------------ D ------------------------
A ------------------------ E ------------------------

Cualquier intento de reproducir la métrica y la estructura rítmica persa en inglés o en español ha resultado imposible, sin distorsionar notablemente el mensaje del poema original. Por lo tanto, hemos abandonado ese enfoque. En este libro hemos intentado transmitir la sensación de los poemas persas utilizando un estilo suave, cadente y cuya estructura da una idea del ritmo repetitivo y melodioso tan característico de los poemas originales de Rumi.

Durante los dos siglos pasados, la traducción de Rumi se ha encontrado con diversas interpretaciones. Los primeros traductores, eruditos británicos, llevaron a cabo una traducción precisa y diligente. Sin embargo, y en sus propias palabras: "estas traducciones daban una mínima concesión a la legibilidad".

Los eruditos contemporáneos norteamericanos, actuando con más sensibilidad hacia el lector, han ofrecido un conjunto de traducciones legibles e impresionantes. También se ha llevado a cabo un cierto número de re-traducciones poéticas, "versiones" que proyectan los versos de Rumi en un lenguaje más moderno y coloquial.

Aunque estas obras nos han resultado de ayuda y nos han inspirado, ninguna de ellas reflejaba realmente nuestro sentimiento por Rumi ni captaba nuestra conexión con el "espíritu" de su poesía.

Esta es una traducción de Rumi y de su mundo, no sólo de sus palabras. Al trabajar en los poemas de Rumi, hemos intentado encontrar ese delicado equilibrio entre lo erudito y lo poético, lo mundano y lo espiritual. Hemos sido muy cuidadosos de honrar el persa, conservando su aroma distintivo, pero también nos mantenemos firmes en la aserción de que el poema, tanto en inglés como en español, debe tener su propia fuerza. Esto no habría sido posible de habernos ceñido a una traducción estrictamente literal, por lo que a menudo nos hemos alejado del texto: a veces hemos añadido una frase para unir ideas, hemos alterado una metáfora o hemos amoldado una idea a una paráfrasis poética. En resumen, nuestra intención ha sido hacer *suyos* estos poemas; traducirlos de tal modo que suenen a Rumi, los sintamos como a Rumi y puedan haber salido de los labios de Rumi de estar él aquí ahora mismo, con nosotros, cantando sus versos extáticos en su lengua natal.

JONATHAN STAR

Una noche de invierno en las montañas Catskill de Nueva York, me encontré hablando con Jonathan sobre Rumi. Con una certeza que aún me resulta asombrosa, le dije: "Algún día yo traduciré tu libro a español". Tras esa afirmación, surgió una conversación que recuerdo como una de las más gratas e inspiradoras que he tenido.

Este libro había caído en mis manos años antes. La inquietud desde la infancia de que, pese a las maravillas que ofrece esta vida, lo único duradero y vital era conocer el Amor, encontró un lugar de descanso y de entendimiento en las palabras de Rumi.

Este libro no sólo habla del Amor: pretende transmitir la plena experiencia de este sentimiento a cada persona que lo lea. El amor puede vestirse de distintos colores e intensidades, que se despliegan en un amplio abanico bajo el peso que ejerce sobre nosotros la educación que hemos recibido o según la permisividad que impone nuestro raciocinio. Nosotros mismos lo condicionamos: "Te quiero porque eres de mi familia", "sólo se quiere a la gente cercana", "no se puede amar a cualquiera", "¿cuándo voy a enamorarme *de alguien*?".

En realidad, este amor humano que todos sentimos es sólo la punta de un iceberg sumergido en las profundidades de nuestro ser. El Amor con mayúsculas al que Rumi se refiere emana de un corazón que ha eliminado todo condicionamiento; un corazón que ha roto las barreras, ha superado los constantes juicios mentales y se expresa tal y como es: incondicional, libre y dichoso. Este Amor es una fuente inagotable que fluye constante y plenamente en cada ser humano, independientemente de las circunstancias que rodeen su vida. No tiene límites y no conoce motivos.

Rumi encontró en Shams de Tabriz un amigo y un maestro que vivía en la experiencia interior y constante del Amor. Una persona así, enciende la llama del corazón de todo aquél que se acerque a él y desee tener esa misma experiencia.

El individuo descubre que en realidad es puro Amor, que siempre lo ha sido, y logra ver que este Amor irradia silenciosamente dentro de cada hombre y mujer, dentro de cada ser vivo y objeto de este mundo.

En este libro encontrarás que Rumi se refiere unas veces al Amor, otras al Amado, a "Él" o al enamorado. Sabrás que le habla a Shams, pero que también te habla directamente a ti. Rumi habla de ti.

La fascinación de Rumi por Shams no es la de un hombre por su amigo, sino la de un hombre que puede ver en su amigo la plenitud del Amor desplegándose implacablemente como un torrente imparable; un hombre que puede ver que no sólo Shams ha logrado la perfección espiritual, sino que reconoce esa belleza dentro de ti y dentro de mí. Un hombre que sabe que en tu corazón y en el mío existe también esa llama radiante esperando ser prendida.

VANDITÃ MARTÍN

XVI

Cuartetos

El Amado

Para los sufis, Dios es un íntimo compañero. Le consideran su "Amante", su "Amor", su propia alma. No le ven como un maestro distante y severo o como un impositor de leyes todopoderoso. El dolor desgarrador que siente una persona cuando pierde a su ser amado, es similar a lo que siente el sufi cuando se ve apartado del Amor, al que reconoce como su verdadera naturaleza, su propia divinidad. Los sufis no encontraban palabras para describir esta experiencia y utilizaban lo primero que se les ocurría: metáforas que normalmente se asocian al amor romántico del ser humano. Palabras que, en realidad, describen algo mucho más profundo.

La unidad con el "Amado", con el "Amor", es el cimiento y la meta del sufismo. El inquebrantable anhelo que siente el sufi por reunirse con su origen divino, le hace ver este Amor, su Amor, en todos y en todo: por todas partes ve pura belleza, ve a su maestro y querido "amigo", descubre que el Amor es la presencia viva y radiante que impregna cualquier aspecto de la vida. Finalmente, se da cuenta de que él mismo es este Amor.

¡Amor mío, Amor!
Llévame y libérame,
      de tu Amor inúndame,
           de los dos mundos alíviame.

Si entrego mi corazón
a algo que no seas tú,
      ¡que un fuego me queme por dentro!

¡Amor mío, Amor!
Llévate mis deseos,
llévate mis actos,
llévate todo
      lo que me aparta de tu lado.

No sé nada de los dos mundos.
Sólo le conozco a Él.
Busco sólo a uno, a uno conozco,
sólo a uno encuentro y a uno canto.

Estoy tan borracho
del vino de mi Amado
que los dos mundos
se me han ido de las manos.

Nada me retiene aquí,
excepto el placer de beber
el vino del que amo.

Embriagado de Amor está el enamorado.
Libre, como un loco
baila en éxtasis y gozo.

Prisioneros de nuestros pensamientos
cualquier cosa nos preocupa.
Pero cuando este Amor nos emborracha
lo que tenga que ser, será
será.

Mis ojos sólo ven el rostro del Amor.
¡Gloriosa visión,
    por ser la visión que amo!

Pero, ¿por qué amo esta visión
        si el Amor está en mi vista
        y mi vista en el Amor?

La ballena vive por el océano,
la pantera por la selva,
el miserable por la riqueza
        y el amante vive por un vislumbre del Amor.

Su dulce agua purificó mi alma
       desterrando todo su dolor.
Nos hemos fundido en uno
       quienes antes fuimos dos.

Dicen que el Amor abre la puerta
de un corazón a otro.
Sin embargo, si ya no hay muros,
       ¿acaso puede haber puertas?

A danzar contigo
invitas al Universo.
¡Qué maravilla! ¡He mirado
       y no puedo apartar la vista!
Puedes tomarme o dejarme.
Para mí, todo es lo mismo.
Mientras mi cuerpo esté vivo,
       tuyo seré.

¡Ah! El Amor cabe en mi corazón
          como mil almas en un cuerpo,
mil cosechas en un fardo de trigo
          y mil Paraísos
          en el ojo de una aguja.

Siembro flores y si no estás tú,
se convierten en espinas.
Veo un pavo real: se vuelve serpiente.
Toco el *rubaab**: no es más que ruido.
Voy al Séptimo Cielo: es un infierno ardiente.

* *Instrumento de cuerdas de sonido agudo que se toca con un arco.*

En un dulce momento
explotó en mi corazón
  y rodamos por el suelo
bebiendo vino de pasión.
Hechizado por su belleza,
  todo lo vi, todo toqué.
Mi rostro se convirtió en ojos,
todos mis ojos… en manos.

Mi corazón es el *rubaab*, tu Amor el arco
  que llena mi alma de lágrimas
cuando entona su canción.

¡Sigue tocando, Amor mío!
No desoiré una nota de tu melodía
  ni un latido de tu corazón.

Falto de fe es aquél que no se alegra contigo.
Muerto está aquél que no baila contigo.
El más sabio del mundo está loco
si no abre su corazón de par en par, contigo.

El único motivo de mi oración
        es que mi corazón pueda acercarse a ti.
Sólo miro hacia a la *Kaaba**
        para que puedan mis ojos dirigirse a ti.
De no ser así,
mi oración sería en vano, y la *Kaaba*
un simple montón de piedras.

---

* *Santuario cúbico situado en la Meca. El templo más sagrado del Islam, en dirección al cual oran los musulmanes.*

Dicen que ahora es de noche.
Yo no sé qué es el día o la noche.
Sólo conozco el rostro de aquél
      que llena los Cielos de luz.

Noche, eres oscura
      porque no le conoces.
Día, ve y aprende de Él
      qué significa brillar.

Amor,
pensar en ti me aparta de ti.
Pensar en tu rostro nubla tu rostro.

Si recuerdo tus labios,
      se desvanecen.
Si pienso en tus besos,
      no llegan más.

Me ha llenado tu Amor
de una locura
que nadie puede entender.

Tu mirada me ha embrujado el corazón
con un poema
que nadie puede componer.

Anoche estuve con Él
    y mi alma tocó el Cielo.

Pasé la noche rezando
y Él me ignoraba… sonriendo.

La noche llegó a su fin
    antes que nuestra aventura.
Pero no es culpa de la noche pura:
sus diabluras son así
    desde hace mucho,
    mucho tiempo.

El amante llegó desesperado.
      Ya no puedo decir más.
Sus modales eran rudos, ¡eran fieros!
      Ya no puedo decir más.
Su Amor le dijo: ¡*No!*
El amante lo aceptó.

Sus miradas se fundieron. Sonrieron.
      Ya no puedo decir más.

El Amor mío me miró
y dijo con compasión:
"No entiendo cómo puedes seguir viviendo sin mí".
– «Te juro que como un pez fuera del agua».
"Entonces, ¿por qué te aferras con tanta fuerza
a la tierra seca?"

Para ese Amor mío
    una flor y una espina son lo mismo.
Tanto un verso del Corán
    como el canto de un *brahmín** son lo mismo.

No trates de impresionarle.
Para ese Amor mío
    tanto un héroe como un loco son lo mismo.

Un verso recité
que hizo reír a mi Amor:
"¿Acaso pretendes
en tus rimas contenerme?"
"¡No lo rompas!" – Reclamé.
"¡Muy pequeño!" – Contestó.
"No quepo en él
y por eso se rompió".

* *Miembro de la clase religiosa de la sociedad hindú.*

Tragué algo de su dulce vino
      y ahora estoy enfermo.
Tengo fiebre y me duele el pecho.

El médico dice: *Toma estas pastillas.*
Muy bien, es hora de tomar las pastillas.
El médico dice: *Bebe este té.*
Muy bien, es hora de beber el té.
El médico dice: *Límpiate el dulce vino de sus labios.*
Muy bien, es hora de librarse del médico.

Si me muero, entiérrame junto a mi Amor.

Si de repente Él me mira, no te sorprendas.
Si me besa en los labios, no te sorprendas.
Si abro los ojos y te sonrío, no te sorprendas.

Tu Amor es mi razón,
el lugar donde mi alma descansa.

Prometí dejarte sólo dos o tres días,
        pero mentí. Amor mío,
¡no puedo dejar de amarte!

Estoy loco. Soy un desastre.
Toma mi mano.
Estoy vacío, ¡no puedo encontrarme!
Toma mi mano.

Siempre hay algo en este mundo
que es necesario arreglar,
pero yo estoy aquí, perdido en el Amor,
        solo, sin nadie.

¡Ven! ¡Toma mi mano!

Agito un pañuelo
bajo tu ventana.
        ¿Crees que lo hago por ti?
        No, no, no.
        No es por ti.
Yo sólo agito un pañuelo
bajo tu ventana.

Veo la Luna.
        No tiene por qué estar llena.
Veo la Luna.
        No tiene por qué salir.

Él es el agua que da la vida.
        ¡Qué Luna tan hermosa veo
        reflejándose en su agua!

La suave luz de la Luna
        es como tú.
Las tiernas alas de un ángel
        son como tú.

¡No, no, no!
¿Qué estoy diciendo?
Sólo tú eres tú.

¡Miradle,
se ha puesto rojo como una niña!
Mi corazón romperías
si me cubrieras la vista.

Su rostro refleja
la belleza de los Cielos.
Sin Él,
        sólo hay niebla.

Me he hecho viejo,
        pero no por los días.
Me he hecho viejo,
        pero no por las risas
y los juegos de mi Amor.

Con cada respiración
me cocina y me descocina
        y con cada paso
        me convierto en la trampa
        y en el que cae en ella.

Me llamas *infiel.*
Me llamas *viejo, joven* o *recién nacido.*
Cuando deje yo este mundo
        no me llames *muerto.*
Di mejor: *Estuvo muerto,*
        resucitó de repente
        y se escapó con su Amor.

Un vislumbre del Amor fue pura alquimia.
Transformó mi alma de acero en oro.

Con mil manos le busqué,
        pero Él extendió la suya
        y me agarró por los pies.

Mi Amor me arropa en su manto,
        pero yo sigo pensando
que no me ama.
Si Él supiera lo que pienso
        a escondidas, a escondidas
con dulzura, con dulzura
        reiría, reiría.

Advertí a mi corazón
que se alejara del Amor:
*"Es amargo, no te ama,
¡sólo te traerá dolor!"*

Mi corazón sonrió
y risueño preguntó:
*"¿Desde cuándo el azúcar
tiene un amargo sabor?"*

A veces le llamo vino, a veces copa,
a veces fuego, a veces oro;
semilla a veces, a veces planta,
a veces caza y a veces trampa.

Todo esto desaparece
cuando pronuncio su nombre.

Anoche te vi entre la gente
y aunque no pude tomarte en mis brazos,
toqué con mi rostro el tuyo,
     ¿recuerdas?
Te susurré un secreto al oído.

Toda la felicidad del mundo
no puede aplacar mi pasión.
Sólo conozco un remedio:
     el bálsamo de mi Amor.

Pensé que cuando le viera
le diría muchas cosas.
Cuando por fin le vi
     muda quedó mi boca.

Unos dicen que es mejor
combinar sabiduría con amor.
Otros dicen que es mejor
la disciplina de la meditación.

Seguro que sus palabras
son más valiosas que el oro,
        pero mi vida entregada
a *Shams de Tabriz**
        es lo mejor.

Entré en la ciudad sagrada
        y prometí lealtad.
Caminé junto a la *Kaaba*
envuelto en blanco peregrino.

Pero cuando te vi
        todos mis votos rompí.

* *El maestro espiritual de Rumi, que vino de Tabriz. El Amor.*

El Camino Sufi

El libro de un sufi no tiene tinta ni letras: no es más que un corazón tan blanco como la nieve. Un erudito toma los textos como referencia. ¿Qué toma el sufi como referencia? Las huellas que han dejado los santos.

— Rumi

En el siglo XIII, el sufismo comprendía una rica variedad de prácticas espirituales, como recordar la presencia divina, cantar el nombre de Dios, orar, respetar la vigilia y ser caritativo con los semejantes. A menudo, el acercamiento sufi a Dios se encontraba en marcado contraste con los estrictos códigos religiosos del Islam. El ferviente y total abandono con que los sufis buscaban a su Amor así como el Amor ilimitado que veían surgir en su interior, hacía que la gente pensara que estaban locos. Pocas personas podían percibir más allá de las apariencias; muy pocos podían disfrutar de esa música que les hacía bailar.

El santo sufi, Abu Saíd, dijo: *"El camino del sufismo consiste en dar un paso: un paso fuera de ti mismo y hacia Dios".* Éste es el paso esencial. Aunque en torno al sufismo existe una historia muy rica y colorida y un considerable e inspirador volumen de poemas extáticos, el camino del sufismo es, básicamente, un camino interior: un camino que va de uno mismo a uno mismo, un camino que nos lleva a ese lugar donde el amante y el Amor son uno mismo.

La brisa de la mañana murmura un secreto.
        ¡No te duermas!
De indagar y orar es el perfecto momento.
        ¡No te duermas!

Alma de este mundo,
eternamente encarnas y te vuelves a marchar...
        ... y la puerta sigue abierta.
        ¡No te duermas!

La vida sin un maestro
es como un sueño profundo
        o una muerte disfrazada.
¡Ten cuidado! Incierto es el camino
si lo recorres tú solo.
        El agua es profunda
        y el veneno
        dulce.

Permanece junto a los hombres santos.
Despejarán la niebla de tu cansancio.

Pueden parecerte personajes raros,
        mas no te llames a engaño:
        conocen tus pensamientos
            antes que tú.

Pensando en mi Amor tomo una flor
        que se convierte en laúd.
Cometo un error
        que me trae algo mejor.
Me dicen que no viaje durante el mes sagrado.
        Parto y encuentro un tesoro.

Esta congregación
no atiende a que seas alto,
        tampoco a que seas bajo,
listo o analfabeto.
No tenemos asambleas, no damos discursos,
no te pedimos estudios.
Esta congregación es más bien
        una fiesta de borrachos
        llena de embaucadores, charlatanes,
bribones y locos de Amor.

Alma mía, ve a la guerra:
ten tu armadura,
abandona tu miedo,
vence al engaño del mundo.

Alma mía, no te rindas,
        o será otra vez el juego
        del gato y el ratón.

No me digas
        que los sufis están perdidos.
No me digas
        que los cristianos están perdidos,
        que los infieles están perdidos.
Ah, hermano, ¡eres tú el que se ha perdido!
¡Por eso los demás te parecen perdidos!

¿Cómo puede el dolor acercarse a nosotros
que rebosamos alegría?

La Tierra soporta el peso del dolor
        y lo acuna en su pecho
como una semilla.
Sin embargo nosotros
        hemos dejado este mundo
        y sus dificultades.
Y ante nuestros ojos vemos
        la cúpula del Paraíso.

Sale la Luna y nosotros con ella.
Nada tenemos,
          nada que nos retenga.

Baila el derviche y pregunta:
          ¿Por qué es tan serio ese sabio?
Y el sabio pregunta:
          ¿Por qué está loco el derviche?

De nuestra profesión y trabajo no queda rastro.
Sólo nos quedan poemas y cantos de Amor.
Cantamos al corazón, al alma y al Amor
para que no quede rastro
          del corazón, del alma o del Amor.

Dices que dominas las artes
y conoces todas las ciencias,
        y sin embargo no puedes
oír a tu corazón.

Si no escuchas esa voz,
        no podré contarte los secretos
        ni podrás tú recorrer este sendero.

El corazón del amante
no conoce la tristeza.
Esa tristeza es de aquellos
que están solos y cansados.

El corazón del amante
rebosa un océano
        de olas mecidas por el Cosmos.

Ese ángel tiene un rostro
que he visto en mi corazón.
¿Hay alguien más feliz que yo?
        Sinceramente, no creo.

Me hablan de la tristeza,
            sensación
            que no conozco.

Me río y me río ¡y no sé por qué!
Sólo Dios sabe por qué
la brisa mece el tallo del rosal.

La tristeza no es amiga del amante verdadero
        porque él guarda un arpa en su corazón.

Tú dices que actúa como un loco,
pero eso es debido
        a que la música que le hace bailar
        no entra en tu oído.

El derviche que regala
las enseñanzas secretas y todas sus pertenencias
con la misma libertad con que da su respiración,
        no necesita tus migas de pan.

Ese derviche vive
        por la gracia de la mano
de alguien más.

¿Por qué vistes la túnica de falsos profetas
        si la alegría de un maestro inunda la Tierra?
¿Por qué ingieres amargos remedios para el corazón
        si el mundo rebosa la dulzura del Amor?

No busques perlas en un cubo de agua.
Has de sumirte en el profundo océano
        para encontrarlas.

¿Quién encontrará la perla?
Aquél que emerja aún sediento
        del agua que es esta vida.

El derviche conoce el secreto de la oración.
Tras surcar el infinito Cielo sabe
    que el maestro y Dios
    son uno mismo.

Hermano,
    si deseas transformar
tu alma oxidada en oro,
      quédate con el maestro:
      es un auténtico mago.

Hablamos en secreto
    ese hombre sabio y yo.
Le pedí que desvelara los secretos de este mundo
    pero Él dijo: *Shhhh...*
    El silencio será quien te muestre esos secretos.

La Embriaguez Divina

Las primeras reuniones sufís tenían lugar en zonas secretas y alejadas de la ciudad a las que denominaban "la taberna" o "las ruinas". Allí, en "la taberna de los extáticos", los sufis cantaban y bailaban en éxtasis y le pedían al *Saaqi*, el camarero divino, que sirviera el vino del Amor de Dios. Su "embriaguez" y su abandono irracional surgían de la comunión interior con su Amor. Era una borrachera divina que describían con metáforas referentes al vino y a la borrachera mundana. Muchos poemas de Rumi urgen al lector: *"¡Baila con nosotros! ¡Emborráchate en nuestra fiesta!"*, invitándole a perderse en la pasión del Amor. Rumi explica que esta "borrachera" es un estado divino inspirado por el "vino" del Amor de Dios y que no tiene nada que ver con la embriaguez producida por el alcohol.

Rumi invocaba y expresaba este éxtasis girando sobre sí mismo con música, efectuando así la danza mística conocida como Sa'maa. La poesía de Rumi está repleta de escenas de música y danza que describen principalmente un estado interior y sólo secundariamente el mundo externo. El Sa'maa es un baile que consiste en girar sobre uno mismo y representa el renacimiento del espíritu y la unidad del hombre con el Cosmos. Este baile nos trae a la Tierra el giro de los Cielos.

¿Quién ha visto alguna vez tal desastre?
¡La taberna del Amor está llena de borrachos!
     ¿Quién ha visto alguna vez tal cantidad
de barriles destrozados?
     ¡El techo y las paredes del Cielo
hemos salpicado de vino!

Sin embargo, ¿acaso has visto que alguien
     tenga una copa en la mano?

Bebemos el vino de nuestra sangre
     curado en el barril de nuestras almas.

Dimos nuestra vida por probar este néctar.
     La cabeza, a cambio de una gota.

Ha llegado la mañana, hermano.
¡Vierte el vino generoso!
La vida sin este Amor valiente
no es más que una muerte lenta.

Todo está en tu mano:
responde a la llamada de tu interior silencioso
      ¡o soporta un corazón ardiente
por el dolor que lo atormenta!

Hermano,
moja tus labios en mi copa divina:
      su néctar hará de tu mundo un paraíso.
¡Bebe hasta saciarte y reírte del espectro
que otros llaman fatalismo!

Estoy tan borracho
        que no sé cómo salir
        ni cómo volver a entrar.
¡Ya no sé qué es la Tierra, la Luna o el Cielo!
No pongas otra copa de vino en mi mano.
        Viértela en mi boca,
        que ya no encuentro mis labios.

Nuestra embriaguez no es del vino.
La alegría de nuestra reunión
no es por el arpa o el *rubaab*.
Sin una hermosa mujer que nos llene la copa,
sin amigos, sin canciones y sin vino,
        explotamos a reír como auténticos locos
        y rodamos borrachos por el suelo.

¡Estoy enamorado!
　　　Tus consejos, ¿de qué sirven?
¡El Amor me ha envenenado!
　　　Tus remedios, ¿de qué sirven?

Les oigo gritar: *¡Rápido, atadle los pies!*

¡Pero si es mi corazón el que se ha vuelto loco!
　　　Estas cuerdas en mis pies,
　　　¿de qué sirven?

Dicen que el Paraíso será sublime:
habrá cántaros repletos de vino delicioso,
dulces y hermosas damas llenarán nuestras copas.

Rumi te invita
　　　a beber ese vino *ahora,*
　　　y a unirte a ese baile *ahora,*
porque algún día lo harás, de todas formas.

Hermano, de Amor y libertad
tráenos el vino.
  —Pero maestro, ¡viene un tornado!
  ¡Más vino entonces!
  ¡Enseñaremos a girar
a ese tornado!

Hoy tu baile
me ha capturado.
He visto los mundos girar sobre mí
   enamorados.
Mi alma se ha perdido;
   su cansancio, desterrado.
Tus palmadas… tus latidos
   me han hecho flotar
   y entrar en el Paraíso.

Cien olas rompen en el mar del corazón
        sacudidas por el viento del *sa'maa**.
Un corazón que descubra
el agua de los corazones
        navegará en ese viento
        gritando: ¡*sa'maa*!

Mirad al sufi girando,
        parece un rayo de sol
que no cesa de danzar hasta el ocaso.
Dicen algunos que esto es obra del Diablo.
Seguro entonces que ese Diablo
que baila con nosotros
        es dulce y alegre
        ¡y un maestro bailarín!

* *Danza mística que consiste en girar sobre uno mismo. Representa el renacimiento del espíritu y la unidad del hombre con el Cosmos.*

Traza el mundo una danza
alrededor del Sol.
Vierte su luz la mañana
en un baile de alegría.

¿Cómo puede alguien
tocado por tu Amor
          no mecerse como el sauce llorón?

Hoy doy vueltas como un loco
por toda la ciudad.
Sirvo el vino del Amor
          y mi cabeza ¡es la copa!

Los eruditos me ven
          y se olvidan de los libros.
La gente del mundo me ve
          y se olvida del dolor.

Como el Sol, el Amor brillará.
Como un átomo, el amante girará.
Como la brisa de la primavera
        el Amor arrulla a la Tierra.
A cada rama que esté viva mecerá.

Guardo un secreto en mi pecho:
El mundo vibra, palpita
        con cada latido de mi corazón de Amor y
                no distingo mi cabeza de los pies, no sé
        lo que es abajo o arriba.
Todo se ha desvanecido
        en este sorprendente
        palpitar
                del corazón.

Enseñanzas

La poesía de Rumi emana del corazón. Es una rapsodia de inmenso entusiasmo y un compendio de enseñanzas prácticas sobre cómo vivir en este mundo. Habla de la importancia del silencio y de la buena compañía. Describe la naturaleza efímera de este mundo, el eterno proceso de crecimiento y transformación y la insensatez que supone la fe ciega.

Para Rumi, el Amor es el maestro supremo, el medio infalible para que el alma limitada sea una con el Amado. Según la tradición islámica, este mundo existe sólo para que podamos conocer el Amor. Ésta fue la esencia de las enseñanzas de Rumi y de su poesía. Escribió:

El Amor
hace al océano hervir como una caldera,
hace polvo una montaña
y añicos el Paraíso.
Sin tan siquiera saberlo,
hace temblar a la Tierra.
Dijo Dios: "He creado este mundo
sólo por puro Amor.
He dado vida a todo, hasta la esfera más alta,
sólo para que conozcas
la gloria del Amor".

No pienses.
No te dejes llevar por tus pensamientos
        porque son un velo que cubre la Luna,
la Luna de tu corazón.
        Los pensamientos encubren tu corazón.

Así que déjalos ir.
        Deja que caigan al agua.

عليٌ

Si no hay Amor,
        toda alabanza es molesta,
        el baile resulta aburrido
        y la música es simple ruido.

Toda la lluvia del cielo puede caer en el mar
        pero si no hay Amor,
        ni una sola gota
        perla será.

Se dice:
La luz de Dios brilla en las seis direcciones.
Y alguien grita entre la gente:
¿Dónde encuentro yo esa luz?
¿Debo mirar a la izquierda
o quizás a la derecha?

He aquí la cierta respuesta:
Por un momento, no mires a la izquierda
y tampoco a la derecha.

Entras en el palacio
porque el rey es generoso,
pero tú debes esforzarte por llegar.

No te engañes, hermano:
un atajo hasta el palacio
te llevará a otro lugar.

Si quieres ver el rostro de Dios
        has de ser rápido,
superar todas las pruebas
        y tener la fortaleza
de seguir avanzando.

Pero también es verdad
que alguien de corazón puro
        no tendrá ni que moverse,
        no tendrá que dar un paso.

La gente que está triste
        no sabe por qué lo está.
La gente que es feliz
        no sabe por qué lo es.
La gente que busca a su izquierda
        o a su derecha,
        no sabe orientarse.
La gente que dice "yo soy esto y esto es mío"
        no se conoce a sí misma
        y no sabe lo que tiene.

Para el que está enamorado
no existe musulmán, judío ni cristiano.
Para el que está enamorado
no existe la fe ni la incredulidad.
Para el que está enamorado
no existe mente, corazón ni alma.

¿Por qué escuchar a quienes piensan de otra forma?
Si no están enamorados
　　　　no tienen ojos para poder *ver*.

Por mi turbante y mi capa
me ofrecen cinco monedas.
Por mi nombre, ¡famoso en el mundo entero!:
　　　　Nadie, Nadie, ¡Nadie!
　　　　Por una yo te lo vendo.

Hice lo que otros dijeron
    y quedé ciego.
Vine cuando me llamaron
    y me perdí.

Entonces les dejé a todos, también a mí,
para encontrarles a todos, también a mí.

Aléjate de los tristes
y acércate a los alegres de buen corazón.

En este hermoso jardín,
¿por qué elegir la mala hierba
    en vez del junco y el jazmín?

El alma viene una vez
        a un cuerpo que nace miles.

¿Qué puedo hacer?
        Hablo, pero nadie me oye.

Veo miles de individuos que son yo mismo,
¡aunque ellos siguen pensando que son distintos!

El alma viene una vez
        a un cuerpo que nace miles.
Hablo del cuerpo y del alma
        pero los dos son yo mismo.

Con gran esfuerzo
el camino he recorrido
        y ahora este cuerpo
        encuentra un gran alma
        dentro de sí mismo.

El alma viene una vez
     a un cuerpo que nace miles.
Soy todo lo que viene,
     soy todo lo que se va.
No puedo concebir algo distinto de mí.

Como una ola nace mi cuerpo
     para volverse a marchar.
Afina la vista, hermano:
     Un millón de olas. Sólo un mar.

El Amor es la mañana,
     yo soy la puesta de sol.
El Amor es la lluvia,
     la primavera soy yo.

Conviértete en este Amor
     y cualquier carga será ligera.
Conviértete en este Amor
     y la noche más oscura
     para ti brillará.

Que mis problemas se vayan, mi Amor quiere.
Que yo esté contento, mi Amor quiere.

Toda mi vida he intentado ser como los demás.
Que sea yo mismo, mi Amor quiere.

Mis ropas, mis poemas, mis versos
        y todo lo que poseo.
Mis virtudes, mis defectos, mi dolor
        y mi sangre persa.

Cuando sube la marea, todos vienen.
Al bajar las aguas, se van.

Al llegar la noche
    la gente se va a dormir
    como un pez que vuelve al agua.

Al llegar el día,
    unos van a trabajar en sus puestos
    y otros van a trabajar en sí mismos.

Hermano,
        ¿quién ha visto alguna vez
        el Sol en la media noche?
¿Quién ha visto alguna vez
a un amante cortejar
a una burda imitación del Amor?

¡Y tú dices que te quemas!
¿Quién ha visto alguna vez
que algo aún no cocinado
        pueda quemarse?

Si hieres a los demás
        no esperes amor a cambio.
Quien siembra una semilla oxidada
        cosechará frutos rancios.

Dios es grande y compasivo,
        pero si plantas cebada
        no esperes cosechar trigo.

Dicen que traes la palabra de Dios,
pero sólo te oigo hablar de lo bueno y de lo malo
        y no te oigo mencionar el Amor o la Verdad.

Si en las puertas de este jardín
escribes "PRISIÓN"
        ¿puede cambiar algo?

El jardín sigue mostrando sus flores
        y tu prisión, sus muros.

Amor,
dicen que eres humano,
        dicen que eres divino.
Pareces ser más famoso
que el sello de Salomón.

Eres el alma pura
        de todas las criaturas
que se mueven por la Tierra
        y mi alma te conoce de una forma
        que sólo los pájaros narrarán.

Si quieres ser sabio
        abandona lo que sabes.
Si acaso quieres conocer el Amor
        llena tu corazón de su Amor.

Hasta el agua de la vida
        siente celos de las lágrimas
        que caen de sus ojos.

Cuando supe de su Amor pensé:
Para encontrar este Amor
buscaré en cuerpo, alma y mente.

Pero estaba equivocado.
Para encontrar este Amor
       debes convertirte en él.

El Amante que Cautiva el Corazón

¡Ten cuidado! ¡Vuela sólo con las alas del maestro para recibir la ayuda de su armada! En un momento, su avalancha de clemencia está contigo. Al siguiente, su fuego doloroso te eleva. No pienses que su fuego es contrario a su clemencia – ¡Su efecto sobre ti es el mismo!

- Rumi

Este Amante que cautiva el corazón es dulce y cariñoso, pero también implacable frente a la ignorancia y todo aquello que separe al amante de su divino Ser interior. La ignorancia puede aparecer como orgullo, ira o apego al conocimiento intelectual, al nombre o a la forma física. El Amante pretende destruir todo esto, puesto que sólo cuando el ego y sus manifestaciones son aniquiladas, puede el ser humano lograr la unión con su propio Ser. Este aspecto del Amante que cautiva el corazón purifica el alma mediante un proceso que Rumi describe como "quemarse", proceso que a menudo es doloroso y difícil, pero que siempre conlleva una recompensa infinita. Rumi dice: *"Fuego en el corazón es lo que yo quiero. Este fuego lo es todo. Es más valioso que un imperio. Este fuego llama a Dios a escondidas por la noche"*.

El guisante debe hervir para ser comestible y la semilla debe abrirse completamente en la tierra para convertirse en un árbol. Del mismo modo, el buscador que desee lograr la perfección debe permitir que su sentido de individualidad (que es la única causa de su dolor) sea sacrificado en el fuego del Amor. Un verdadero buscador comprende este proceso y está deseoso de que tenga lugar. Sabe que las dificultades temporales por las que atraviesa le llevarán a un tesoro infinito.

Con tu Amor, la pasión de la juventud llegará
y en mi corazón, la luz del alma surgirá.
Adelante, mátame.
        Sé que eso es lo que haces.
Con tu forma de matar, la vida eterna llegará.

Viajé por todas partes
        siguiéndote,
        buscando las huellas que habías dejado.
Me indican una casa llena de cuerpos.
        Cabezas esparcidas por los suelos.

Amor mío, hoy pides más todavía.
     ¡Si ya nos has vuelto locos
     y continúas quemando
el último trazo de nuestra cordura!
Rasgaste el velo que nos cubría.
Nos has quitado la ropa.
     Aquí nos tienes: ¡desnudos!

¡Y sigues desgarrando!

Quiero tenerte muy cerca.
Quiero que seas mi arpa
     y entones cantos de Amor.

Sin embargo tú prefieres
destrozar la coraza que envuelve a mi corazón.
     Muy bien. Tuyo soy.
     Toma las piedras.

Lloré lágrimas de sangre
        y me hiciste sonreír.
En el mundo me perdí
        y tú me encontraste.
Ahora me preguntas
si he cumplido mis promesas.
        Pero, ¿qué promesas,
        si tú me hiciste romperlas?

Este Amor es un rey
que no tiene trono.
Es la esencia de un Corán
que no tiene versos.
Su flecha alcanza a un amante
        que sangrará
        pero heridas no tendrá.

Sólo quiero ser el aire
que acaricia tu rostro
        y el suave polvo que cae
sobre tus pies.

Tu palpitar parece cruel,
pero mi corazón es feliz y ligero.
Puedo ver que cada golpe de dolor
        trae tus caricias.

Estábamos atados
        y Él nos puso otra cadena.
Estábamos sufriendo
        y Él nos trajo más dolor.
Perdidos en un laberinto de espejos,
        Él nos levantó en volandas
        y otro espejo nos mostró.

No puedes herirme más.
Ya conozco tus insultos
y tu forma de matar.

Me das veneno
        y me sabe a néctar.
Me golpeas
        y parece una caricia.
Con esta clase de Amor
        nada puedo rechazar.

Si estás cansado, te hará avanzar.
Si duermes, te despertará.

Si eres una montaña, te elevará.
Si eres un mar, te beberá
        y seco te dejará.

¡Mis ojos! – Me quejé yo.
Llorarán como un río – Dijo Él.
¡Mi corazón! – Grité yo.
Respondió: *Sufrirá la noche entera.*
¡Mi cuerpo! – Dije yo.
Contestó: *Dentro de un par de días*
           acabaré con él y lo tiraré en las afueras.

Ya no dije más.

Veo su rostro y su sonrisa.
        ¡Qué alegría!
Siento su furia y sus golpes.
        ¡Qué alegría!

Pero bueno, ¿esto qué es?
¡Me ha pedido la cabeza!
Muy bien, por lo menos quiere algo.
        ¡Qué alegría!

Mi Amor me vio triste y cansado.
Sonriente se acercó, una palmadita me dio
y exclamó: *¡Pobrecito mío!*
¿Qué más puedo hacer por ti?

Me invita a un mundo de fuego
     y además
inunda de llamas mi lengua.

No sólo lo colma todo
de fuego ardiente:
cuando grito,
     salta sobre mí y me amordaza.

La sonrisa de tu rostro es suficiente.
El sonido de tu nombre es suficiente.
¿Por qué me atraviesas con tus flechas mortales
si la sombra de tu látigo es más que suficiente?

En las aguas de tu Amor me fundí como la sal.
Cualquier trazo de lo bueno, de lo malo,
de la esperanza o la duda, ya no está.
Ha explotado una estrella en mi corazón
y todos los Cielos se han perdido en ella.

El crisol de su Amor abrasa.
A algunos nos lanza a su fuego
       y a otros les saca.

El amante verdadero no puede evitar esta muerte.
El hombre muerto ¡corre por su vida!

¿Acaso crees que yo controlo algo aquí?
¿Que por un momento, que por un segundo
       puedo decirte qué está pasando?

Sólo soy una pluma en manos del escritor.
Una pelota a merced de un palo de golf.

Me preguntas por el oro
y cuestionas el corazón.
Tú, que rompes mi corazón,
        ¡yo no sé nada de eso!

¿Dónde hay oro? ¿Qué oro? ¿De quién el oro?
        ¿Acaso puede un pobre contar su oro?
¿Dónde el corazón? ¿Qué corazón? ¿De quién el corazón?
¿Puede acaso un amante hablar de su corazón?

Llama
y Él te abrirá la puerta.
Desaparece
y te hará brillar como el Sol.
Cae
y te elevará a los Cielos.
Conviértete en nada
        y Él te convertirá en todo.

Le dije: *Dime qué tengo que hacer.*
Él dijo: *Muere.*
Le dije: *Mi alma, pura como un arroyo...*
Él dijo: *Muere.*
Yo dije: *Pero resplandezco como un candil,*
    soy libre como una mariposa,
    y tu rostro, que el mundo entero ilumina...
Él dijo: *Muere.*

Llevo lejos tanto tiempo
    que conozco bien mis lágrimas.
Soy una vela derretida en la tristeza.
Un corazón
    al que el sonido de su propio llanto
    mantiene vivo.

Mi pasión es mi querido tesoro.
Esta pasión santifica cualquier lugar.
Esta pasión,
        demasiado grande para el Cielo y la Tierra,
cabe en mi corazón,
        pequeño como el ojo de una aguja.

Dentro de mi tristeza hay alegría.
Recostado en el suelo
        puedo tocar el Cielo.
En mi profundo silencio
        mi llamada se oye
        en cualquier rincón del Universo.

¡Ah! ¡Estoy vivo!
Pero este dolor es peor que la muerte.
Late mi corazón, tiembla mi cuerpo,
        mi estómago se quema de hambre.
Al menos con hambre,
        cuanto más comes, mejor.
Pero con este Amor no:
        cuanto más amo,
        más fuego,
        ¡y peor!

Toda esta pasión
me ha sacado los colores.
Me he convertido en una bestia.
        Desaliñado, enfadado, ¡no valgo nada!

Rumi, ¿qué estás diciendo?
        ¡Eres el amante del Amor!
        Un fiero león
                creyendo ser un cordero.

—*¡Mis ojos!* —**Son para buscarle a Él.**
—*¡Mi pecho!* —**Ábrelo de par en par.**

—*¡Mi corazón!* —**¿Qué tiene dentro?**
—*Mi pasión.* —**No necesitas más.**

No tengo ni idea de dónde ir
    ni qué hacer.
Recostarme a su lado no me conforta,
    pero ya no puedo vivir sin Él.
Perdido estoy en un dilema.

No, Rumi. No hay dilema.
    Tu elección es clara.

¡Basta ya! ¡Deja de quemarme!
Rechazo a este Amante
    que al fin y al cabo
    nunca viene a visitarme.
Rechazo la Meca.
Rechazo los libros sagrados.
¡Arrojo de la ciudad a los santos!

Perdona… ¿Cuándo dijiste que vienes?

Lloré y me quemé en ese llanto.
Mantuve silencio y me quemé en el silencio.
Entonces me aparté de los extremos
    y encontré el punto medio.
Y en ese punto medio también me quemé.

Estoy muerto para el mundo.
Llevo muerto mucho tiempo.
Mi cuerpo, más débil cada día,
    volverá pronto a la tierra.
Puedo renunciar a esta vida
    y a este mundo.
Pero dejar tu Amor,
    eso sí que es difícil.

Rectifico: es imposible.

Llegó el Amor y me dejó vacío.
Llegó el Amor y me llenó de ese Amante.
Se convirtió en mi sangre,
    en mis piernas y mis brazos.
Se convirtió en todo.
Ahora, sólo me queda mi nombre.
    El resto es todo suyo.

La Unión

La unión del alma individual con el Amado o Amor se denomina "noche de bodas". Esta unión marca el logro final, el éxtasis ilimitado, la gota de agua que, una vez más, se convierte en el océano.

La unión con el Amor es la meta de las prácticas sufíes. Con esta unión llega la sorprendente certeza de que el alma de la persona es exactamente aquello que había estado buscando. Un conocido maestro dijo una vez: *"Toda la creación entona el canto de la unión con el Amor. Todas las acciones que lleva a cabo una persona, lo sepa o no, buscan una sola cosa: unirse al Amor"*. Esta afirmación es el corazón del sufismo.

Hay un jardín en la eternidad
al que hemos llegado esta noche,
la noche de bodas, la eterna unión
     del amante con su Amor.
Esta noche susurramos nuestros dulces secretos
     y el hijo del Universo
     respira por primera vez.

¿Dices que quieres poner la cabeza
     en el yugo del Amor?
No te quejes entonces de la dificultad
     ni del dolor.
Cuando lleguen, mantén la mente tranquila.
Al final, tus cadenas oxidadas serán
     un bello colgante de oro.

Ahora, libre al fin de este mundo,
¿qué es lo que te hace pensar
que puedes ser ajeno a él?

¿Es que acaso no sabías
que al convertirte en la Luna
      te volviste la luz
          más brillante de los cielos?

Su dulce agua limpió mi corazón
y mi Amor florece ahora sin espinas.
Dicen que el Amor tiene la llave
      que abre los corazones.

Pero, si ya no hay cerradura,
      ¿qué llave cabe?

¿Dices que quieres la unión?

Esta unión no es algo
que uno se encuentra en el suelo
        o que compra en un mercado.
Esta unión se consigue entregando la vida.
De no ser así,
        cualquiera sentiría esta unión con su hermano.

Con cada paso que doy
        desaparece otro apego.
Cien pasos doy, caen los velos
y aparece el Amor,
        radiante, hermoso…
¡Estoy enamorado!

Hermano, ¿te das cuenta?
¡Me he enamorado de mí mismo!

Amor,
cuando te busco
        te encuentro buscándome.
Cuando miro alrededor
        hallo un mechón de tu pelo
        entre mis manos.

Siempre creí estar borracho de tu vino,
pero ahora me doy cuenta
        de que tu vino está borracho de mí.

Soy el espejo y el rostro que refleja.
Soy la canción y el que la canta.

Soy el agua dulce y la lágrima amarga.
Soy el que bebe
        y soy el que te emborracha.

Sin tan siquiera mirar
veo todo en mi interior.

¿Para qué he de usar mi vista
si puedo ver el mundo entero
        con los ojos del Amor?

Un día nuestras almas serán una
y nuestra unión será eterna.

Sé que todo lo que te doy
vuelve a mí.
Así que te doy mi vida
        seguro de que tú
        vendrás a mí.

Si quieres beneficios,
no huyas de tus clientes.
Si quieres la Luna,
no te escondas de la noche.
Si quieres una rosa,
no huyas de las espinas.
Si quieres Amor,
no te escondas de ti mismo.

No busques a Dios,
sino aquello en ti
que le está buscando.
Pero, ¿por qué buscar nada?
Nadie se ha perdido.
Él está justo aquí.

Más cerca
que tu propio aliento.

El maravilloso sonido
que llega del Cielo: *yo soy Eso.*
La dulce fragancia
que llega del jardín: *yo soy Eso.*

La belleza que llega
del corazón y del alma
hasta el día de mi muerte...

¡Un momento!
No puedo morir, ¡porque *yo soy Eso!*

Lleno de esplendor
        giro con eterno Amor.

Parece que giro a tu alrededor,
pero no, ¡giro sobre mí mismo!

Vale este silencio
más que mil vidas
        y esta libertad
más que riquezas y tierras.

Vislumbrar por un segundo
la Verdad en tu interior, vale más
que los Cielos, los mundos,
que esto y aquello.

Dices que el Amor es la Luna,
        pero la Luna se pone.
Dices que el Amor es un rey,
        pero los reinados caen.

Cuántas veces me despiertas
para ver salir el Sol...
Pero si su Sol brilla siempre en mi interior,
¿cómo voy a perderme la salida del Sol?

De día te alababa
      y nunca lo supe.
De noche contigo estaba
      y nunca lo supe.

Siempre pensé que yo era yo,
pero no: yo era tú
      ¡y nunca lo supe!

Un paso hacia el corazón
      es un paso hacia el Amor.
En este palacio de espejos
      muchas cosas puedes ver.

Hermano, mira mejor:
      sólo existes tú.

Hay una fuerza interior que te da vida.
    Busca *Eso*.
Hay una gema preciosa en tu cuerpo.
    Busca *Eso*.
Sufi errante,
    si quieres encontrar
el tesoro más grande,
    no lo busques fuera.
Mira en tu interior
    y busca *Eso*.

Fueron mis palabras las de un loco:
    *"Esto **no**, pero aquello **sí"**.*
Por siglos llamé a una puerta
    y al abrirla descubrí
    ¡que llamaba desde dentro!

Odas

ALQUIMISTA DE MI ALMA

Infinito y compasivo,
      mi corazón has conquistado,
mi intelecto has calcinado,
tu sonrisa ha derribado
      las puertas de mi presidio.
A los pobres has llegado
      y generoso, como un rey
te has entregado.

Sol naciente,
      esperanza del necesitado,
eres el buscador y la búsqueda
      pero también lo que hallamos.
Fuego de los corazones, calmas
la confusión de la mente.
Eres mi percepción, quien percibe
      y eres todo lo que observamos.

Alquimista de mi alma,
      esencia de la Verdad,
al darme tu cura mágica
todo deja de importar.

Hubo un tiempo en que estuvimos
perdidos en los demás.
Hubo un tiempo en que comimos
un delicioso manjar.
Un tiempo en que al intelecto elogiamos,
      un tiempo en que fortuna buscamos.
Pero de todo esto, nada tuvo
valor alguno al final.

Por unas migas de pan
y un poco de hierba rancia
fuimos de un lugar a otro.
Tantos planes hicimos:
         un día, visitar Roma;
         el otro, África vimos.

Nuestra ira en las batallas,
         ¿para qué?
Por unas migas de nada.

Hermano,
sumerge tu alma en el Amor de Dios,
         ¡refúgiate en el silencio!
Te aseguro que no existe otro camino.

Hubo un tiempo en que busqué
conocimiento del mundo,
         pero ahora
he quemado esos papeles,
he roto todas las plumas.

Oh, *Saaquí**,
         ¡sirve el vino del Amor!

---

* *El camarero de la taberna que va de mesa en mesa sirviendo*
vino. Una metáfora para el Amado, quien sirve el vino del Amor.

VEN AQUÍ, MAESTRO

Maestro,
quiero tenerte muy cerca de mí.

Astrónomo
perdido en el Amor,
sediento corazón,
noble rey, ¡ven aquí!

Estás en los pies, en las manos
        y en la vida de los vivos.
Ruiseñor de vuelo inquieto,
        ¡entra pronto en mi jardín!

Eres el tacto, los ojos
        y trasciendes los sentidos.
Peregrino sin sustento,
        ¡mi banquete es para ti!

Te ocultas a nuestra vista
        tras los objetos que vemos.
Eres todo mi Universo,
¡no tardes en llegar aquí!

Eres la luz de los días,
        la alegría del Amor,
        de la tristeza, el dolor.
Brillo de la luna llena,
nube de dulce rocío,
        ¡ven aquí!

Sabio de todos los mundos,
fuente del conocimiento.
Naces de repente,
        del mismo modo te vas.
Amanece,
quédate eternamente
        ¡junto a mí!

Corazón de roja sangre,
todo es júbilo y locura
pues vino se han vuelto las uvas
y ya no has de llorar más.

Se han ido
las noches en vela,
la vana tristeza
y el cansancio de mi mente.
Mi tierra está despierta,
¡entra en ella!

—Hermano,
Si tu corazón está roto
y tu alma aún no es libre,
ven a mi lado
y si la puerta hallas cerrada,
entra por la ventana
¡y ven aquí!

Luz del rostro de Noé,
canción del alma.
Tu agua fresca
da vida a los agotados.
¡Ven aquí!

Rostro brillante de luna,
bálsamo del corazón,
alegría del amante
y ceguera del demente,
¡ven aquí!

Voz del alma, ¡basta ya!
Se cansa mi lengua
y no he de decirlo más.
¡Ven
aquí!

EL GUERRERO
QUE VIVE EN TU CORAZÓN

¿Cuántas veces te has preguntado:
    "¿Cuál es mi camino,
    cuál es mi consuelo?"?
Tu alma ansía la unidad.
¿No crees que es suficiente?

El fuego que ahora te quema
consumirá tu tristeza
y en el anhelo del alma
        verás cumplidos tus sueños.

Si llega olor a pan fresco,
el deleite de su aroma
        hace innecesario el pan.
Si ya te has enamorado,
        ese aroma es suficiente.
Si no te has enamorado,
        de nada sirve que todo,
        que todo quieras probar.

Hermano,
¿es que acaso no lo ves?
Si no eres un rey
        no tiene sentido el séquito.
Si el Hermoso y tú
no sois uno mismo,
        ¿por qué yo veo esa luz
que emana desde tu piel?
Cuando tiemblas de miedo,
¿no ves acaso al guerrero
que vive en tu corazón?

El fuego del Amor ha calcinado
los velos de la ignorancia.
¿Por qué te ocultas tras uno
temiendo algo que no ves?

Hermano,
¡abre de una vez los ojos!
¡El Amor te está mirando!

Si el Amor no alumbra tu corazón,
¿qué dicha hallarás en el mundo?

Verás un jardín que no tiene vida.
Degustarás vino rubí, que sabe a agua.

UN SUSURRO

Compartimos los amantes
el decreto sagrado
de conocer este Amor.
Intrépidos y veloces
fluimos hacia el Hermoso
como un torrente.

Hermano,
tú y yo somos, en verdad,
un reflejo del Amor.
Tú le buscas y Él te busca,
sus palabras son las tuyas.

Llegamos a veces a Él
como un arroyo,
otras como el agua clara
de su cántaro,
o hirviendo hasta ser vapor;
pero agua, siempre agua,
somos gotas que conforman
este océano de Amor.

Su aliento siento en mi rostro
y mi alma
de su fragancia embriagada,
y su alma, que es la mía,
no me permite escapar.

¿Querría alguien dejar
tan bella cautividad?

Tu orgullo aniquilará
para transformar
en oro el simple metal.
Por la gloria de los mundos,
¡no cambies jamás por nada
un solo cabello suyo!

Por todas partes le buscas
y mirándole a los ojos
y recostado a su lado
le preguntas: *¿Dónde estás?*

¡Basta ya de tantas dudas!
Que el silencio te descubra
la esencia de esta vida,
pues las palabras,
                    frente a un susurro del Amor,
                    no valen nada.

ESO QUIERO

Arpa,
yo quiero
las cuerdas de un corazón lleno de anhelo.
Flauta,
yo quiero
tu canto sereno.

Toca la canción de Arabia.
El canto de Salomón es lo que yo quiero.

Toca la canción de Irak,
¡calma el corazón su gente!
Eso quiero.

¡No dejes de tocar!
Tonos altos, tonos bajos, ¡cualquier tono!

He caído en un ensueño
con tu dulce melodía.
Que me despiertes ahora
con tu tañir de campanas
          es todo lo que yo quiero.

¡Sí! Ya oigo tu canción,
la voz de Dios,
          sinfonía del Amor,
          un regalo para el mundo.
Melodía que confirma
la verdad de mis palabras.
La fe pura es lo que quiero.

Amor, vence al intelecto.
Amor,
          tu desconcierto
es todo lo que yo quiero.

Meces, dulce viento,
las ramas del Amor.
Sopla en mi dirección,
    porque su aroma embriagador
es todo lo que yo quiero.

El rostro de mi maestro
    revela
    pura belleza.

Déjame verte,
¡quiero verte!
    ¡Eso quiero!

TODAVÍA HAY SECRETOS

¿No lo ves, amigo mío?
¡Tu rostro está lleno de luz!
Y borracho el mundo entero
     de tu Amor.

¿Por qué vas de un lado a otro
buscando por todas partes,
si todo aquello que buscas
está en ti?

Dime sinceramente,
¿hay lugar donde el Sol no brille,
donde la Luna llena no sea visible?

Un velo tras otro,
un pensamiento y después otro…
Déjalos ir
     porque ocultan la Verdad.

Amigo mío,
cuando veas la gloria
de su rostro de luna
dejarás de concebir
el dolor y la amargura.

Un rey cuyo corazón
este Amor no conociera
padecería la desazón
de aquél que la muerte espera.

Todos podemos ver
a Dios en el corazón.
Todo aquél que no esté muerto.
Todos hemos de beber
el agua de vida eterna
     que destrona a la muerte.

El velo de la ignorancia
cubre la Luna y el Sol
y hace incluso que tú, Amor,
creas no ser divino.

Shams,
el mundo refleja tu luz,
  pero aún guardas secretos
que yo no puedo contar.

VINISTE A VER LA PUESTA DE SOL

Amigo,
viniste a ver la puesta de Sol
        y en su lugar
nos encuentras girando
como átomos descontrolados.
        ¡Qué gran suerte!

Conoces ya muchas historias:
Alguien va a por agua a un lago
y ve el reflejo de la Luna.

El ciego Jacob
busca a su hijo perdido
y recupera la vista.

Un hombre sediento
echa un cubo al pozo
y extrae néctar.
¡Qué gran suerte!

Moisés se acerca
a un arbusto del desierto
        y en él puede contemplar
mil Soles de fuego.

Jesús entra en la casa
buscando refugio,
        descubriendo allí
un pasaje al otro mundo.

O Salomón, que abre un pescado
y encuentra un anillo dorado.
¡Qué gran suerte!

Un asesino se apresura
para matar al profeta,
pero por fortuna antes tropieza.

La ostra que se abre
por una gota de agua
      y nos regala una perla;
y un mendigo que en la basura
descubre una fortuna.
¡Qué gran suerte!

Mi querido amigo,
ha llegado la hora
de olvidar esas historias
      y estas palabras.
Ha llegado la hora
de que amigos y extraños te miren
y vean mil rayos de luz.
¡Que contemplen en tu rostro
una puerta al Paraíso!
¡Otórgales esa suerte!

Si buscamos el Amor
      habrá llagas en nuestros pies
y dolor en nuestros cuerpos.
Exhaustos caeremos.
Pero sus alas llegarán,
sin duda nos elevarán
      y los Cielos surcaremos.

Dime,
¿puede haber mejor suerte?

UNA OLA DE AMOR ROMPE

¡Ah! Otra vez me prende fuego
    y mi corazón desbocado
busca las vastas llanuras.
Este océano de Amor me arroja otra ola
    y el corazón desbordado
sangra en todas direcciones.

¡Ah! Una chispa me alcanza
    y abrasa la coraza
que envuelve a mi corazón.
Gris por el humo está el cielo,
¡las llamas aumentan al viento!

Hermano,
no es tan fácil encender la llama del corazón.
Deja ya de sollozar, de gritar:
"¡Rescátame, Señor, de este fuego!"
Di mejor: *"¡Rescátame, Señor,*
del ejército de pensamientos
que me está incitando a escapar!"

Corazón, estás hecho de Conciencia pura.
Tú gobiernas los corazones.
Después de incontables vidas
ha encontrado mi alma en ti
    lo que siempre había buscado.

La alegría y el dolor
nos ciegan a la Verdad.
¡Que se abran nuestros ojos
a la belleza de Dios
    y a la embriaguez de su Amor!

Que acaricien nuestras manos la Verdad.
Que escuchemos la voz del Amor
y caminemos resguardados
bajo la fresca sombra
de los hombres santos.

El mundo entero te alaba
pero, ¿de dónde has venido?
El Universo nace del Amor
pero, ¿de dónde viene este Amor?

Shams,
señor de la Tierra viva,
¡sabia luz del corazón!
Incluso el rey del Amor
no conoce otro amor
que no seas tú.

EL HÉROE VICTORIOSO

Al prisionero, yo le hice libre.
Al alma del amante le di la felicidad.
La boca del dragón, la dejé abierta.
El camino del Amor, lo colmé de suavidad.

Con el agua tejí el mundo,
le di la fuerza vital.
Con el agua moldeé vivas figuras
		imposibles de esculpir en madera o en metal.

Brota el agua y con sus gotas
da vida a la creación,
pues tal es su naturaleza
		pero también su ambición.

De un pozo saqué a José
		y al mundo entero convoqué
para recordar su nombre.

Soy ese rey ostentoso.
		Todas las reinas me miran.
Soy el héroe victorioso
que atraviesa una montaña
sólo por sentir tu Amor.
Soy la vida de los jardines
		y la abundancia de los imperios.
El Universo es mi testigo.
Soy un rey que regala su tierra
		y gobierna en justicia perfecta.
El planeta: mi testigo.
Soy también el invitado
que ha nacido en este mundo
		por descubrir los secretos
que se esconden tras sus muros.

¡A tantos maestros he dado jaque!
¡Tantos aprendices he vuelto sabios!

Conozco el rugido de los leones
        pero yo, como un zorro,
les hago gimotear.

Hermano mío,
¡olvida todas tus dudas!
¡Olvídate del dolor!
Déjalos ir de una vez por todas,
        deja que Rumi te muestre el camino.

Si navegas sin rumbo
en el mar de la tristeza
        te llevaré a tierra firme.
Escucha: ¡sólo tienes que llamarme!
Apartaré tu corazón del torbellino.
Puedo hacerlo, créeme,
        pues yo manifesté
esta creación del Vacío…

Ahora mi maestro me ruega silencio.
Me ha tocado con su espada
haciendo de mi lengua acero.
Si digo algo más,
        mis palabras te cortarán.

EL CAYADO DE MOISÉS

Esta noche en tu jardín
riego el árbol de los deseos
    con el torrente de un corazón
que no precisa melodías
para bailar sin razón.

Soy esa sombra
que traza la luz del Sol.
A veces tendida en el suelo,
a veces de cabeza,
soy a veces corta
y a veces larga.

La luz y la oscuridad
invaden la Tierra entera
    y así me deslizo yo
a través de cualquier era.

Soy el monarca de los egipcios
    y el guía de los judíos.
Entre los hombres de letras
    soy la ley de la Verdad.
Soy a veces una pluma
    o el cayado de Moisés.
Otras veces soy la cobra
que dibuja tu nombre
al deslizarse en la arena.

Hermano,
no intentes hallar Amor
en el junco del intelecto
    pues ese junco no es más
que el bastón de un hombre ciego.

Sólo quiero una señal,
        un guiño de tu Amor
para liberar mi alma.

Porque yo no soy de aquí.
En este mundo soy un extraño
que camina a ciegas,
        que espera tu llegada,
        que me muestres
        dónde dar el siguiente paso.

LA AVALANCHA
DE LOS DOS MUNDOS

Soy un amante
    y del Amor yo no escapé.
Soy un guerrero
    y del campo de batalla yo no escapé.

Como un león, ataqué a los leones.
Pero en medio, como un zorro,
    yo no escapé.

Aunque mi meta era la cúpula del Cielo,
de las serpientes del mundo
    yo no escapé.

Poseía un bálsamo para el corazón,
pero de la vileza de otros
    yo no escapé.

Veneré a los profetas
con mi alma entera,
pero de la mala compañía
    yo no escapé.

Estoy vivo en esta cajita,
    en esta cajita llamada vida.
Estoy vivo porque mi alma
    no se escapó.

Ahora me alcanzan
las flechas de sus ojos
porque de flechas de arcos mayores
    yo no escapé.

Las heridas de la batalla son ahora victoriosas
porque del dolor
    yo no escapé.

Navego ahora en un océano de néctar
lleno de todos los deleites,
porque de las dificultades
      yo no escapé.

Cuando el Amor se mostró ante mi,
me quedé atónito. No me pude mover.
De la avalancha de los dos mundos
      ¡yo no escapé!

ESTO ES AMOR

Esto, ¡esto es Amor!
Volar y alzarme sin alas
surcando el infinito.
Respirar y olvidar la vida.
Al morir, dar otro paso.
Uno tras otro desgarrar
los velos de la ignorancia
        y ver que el sueño del mundo
no es lo que aparenta.

Me dijo mi corazón:
"Soy del grupo de los amantes.
Veo lo que los ojos no ven,
        conozco el secreto del corazón".

A mi alma pregunté:
"¿De dónde viene tu vida?
¿De dónde viene tu esencia?
Tu historia cuéntame
en el habla de los pájaros
        y yo la entenderé".

El alma mía respondió:

        Me llevaron al taller
        del Artesano del Amor
        quien con agua y arcilla
        da forma a su creación.

        Estaba el Obrador
        inmerso en su tarea
        dando varias formas
        a moldes humanos;
        y a mi me cuidaba,
        pero volé.

Al perder yo la fuerza
Él alzó su mano
¡y al vuelo me cazó!
Su arcilla coció,
la dejó enfriar,
y por eso estoy aquí:
un alma en forma humana.

LO MÁS DULCE DE TODO

Porque eres tú quien toma la vida
es lo más dulce morir.
Maravilloso es vivir,
pero más lo es fundirse en ti.

Hermano,
¡entra ahora en el jardín
y conoce al Amigo de la Verdad!
En su rosal beberás
el agua de vida eterna,
aunque quizá te parezca un fuego mortal.

En un instante alguien muere
            y alguien nace en el siguiente.
Aunque unos van y otros vienen
nadie muere realmente
ni yo he de partir jamás.

Olvida el cuerpo,
abraza tu espíritu puro
y entra bailando en el otro mundo.
No te detengas, y escapar no intentes
            aunque temas la muerte.

Su existencia pura
llena de vida los Cielos.
Únete a Él ahora para ser
más dulce que la miel
en la hora de tu muerte.

¿Por qué aferrarte a esta vida
            si la vida verdadera
llega cuando ésta termina?
¿Por qué aferrarte a un pedazo de oro
            si esta muerte trae consigo una mina?

Escapa de esta jaula y respira
el perfume de su jardín.
Despedaza esta coraza.
Como el brillo de mil perlas
        es morir.

Cuando Dios te llama
y te acerca hacia sí
            te regala el Paraíso.
Morir es navegar
hacia un lago celestial.

Esta muerte es tan sólo un espejo
            que refleja tu propia esencia.
Ve lo que muestra el espejo.
Te aseguro que merece la pena.

Si posees bondad y fe,
            así será tu muerte.
Si eres cruel y falto de fe,
            de ese modo morirás.

Si eres como José,
maestro de la virtud,
eso mostrará el espejo.
De no ser así,
verás miedo y tormento
cuando llegue tu momento.

Aunque estas palabras son dulces,
            se desvanecen en el silencio.
Shhh…. El eterno *Khezr**
y el Agua de la Vida
            no tienen ni idea
            de qué significa morir.

---

* *El profeta que se hizo inmortal al beber el agua de la vida.*

CONVIÉRTETE EN EL AMOR

¡Deja ya tus fantasías!
Oh, amante, vuélvete loco, vuélvete loco.
Trasciende el fuego feroz de la vida,
     sé como un ave, sé como un ave.

Entrégate por completo,
haz de tu casa cenizas.
Únete ya a los amantes de Dios,
     sé como el sufí, sé como el sufí.

Limpia tu corazón de sus viejos lamentos.
Siete veces lávalo.
Cólmalo con el vino del Amor,
     vuélvete copa, vuélvete copa.

Llena tu alma de tanto Amor
que se convierta en el alma suprema.
Ve hacia los santos
     y embriágate, embriágate.

Ese rey que todo lo oye
habla con el hombre piadoso.
Para oír sus palabras sagradas
     vuélvete puro, vuélvete puro.

Se eleva tu espíritu al Cielo
al oír mi canto dulce.
Eres ahora infinito.
Como un intrépido amante,
     sé una leyenda, sé una leyenda.

¡Convierte una noche de sueño
en una revelación!
Sostén la gracia de Dios,
     sé tú su casa, sé tú su casa.

Tus pensamientos te llevarán
allá donde ellos deseen.
¡No se te ocurra seguirles!
Que tu destino se cumpla:
        entre Dios y tú
        no hay distinción, no hay distinción.

El deseo y la pasión
        encarcelan al corazón.
Sé tú quien quiebra el candado,
        vuélvete llave, vuélvete llave.

Salomón habla como las aves.
¡Escucha! No seas tú la trampa
que los halcones evitan,
        vuélvete nido, vuélvete nido.

Si el Amor te muestra su belleza,
        sé tú el espejo.
Si el Amor se suelta el pelo,
        sé tú el cepillo.

Hermano,
¿hasta cuándo mantendrás tus dos caras?
¿Hasta cuándo negarás el poder de tu voluntad
        y ondearás al viento como una bandera?
¿Hasta cuándo quieres ser un alfil de ajedrez
que se mueve sólo en diagonal?
        Vuélvete sabio, ¡vuélvete sabio!

Movido por la gratitud diste
unas cuantas posesiones
y algo de tu vanidad.
Ahora es el momento de darlo todo,
        vuélvete gratitud, vuélvete gratitud.

Fuiste una vez los elementos,
después fuiste un animal.
Por un tiempo serás alma.
¡Ésta es tu oportunidad!
Conoce tu alma suprema
     y sumérgete en ella.

Mi querido predicador,
¿por qué gritas desde el tejado
llamando a la puerta de los demás?
¡Mira dentro de tu propia casa!

Ya has pensado en el amor lo suficiente.
Ahora,
     vuélvete Amor, ¡vuélvete Amor!

EL TRANQUILO CENTRO
DEL ÉXTASIS

En la noche de la creación, yo estaba despierto.
Ocupado, trabajaba mientras todos dormían.
Estuve allí para ver el primer guiño
y oír la primera historia que se narró.
Fui yo el primero en quedar atrapado
en las marañas del Gran Impostor*.

Girando y girando
sobre el tranquilo centro del éxtasis,
di vueltas y más vueltas,
como la rueda del Cielo.

¿Cómo puedo describirte esto?
Tú naciste más tarde.

Fui compañero de ese eterno Amante
y como un cuenco agrietado
soporté su tiranía.
Soy ahora ostentoso
como la copa de un rey
porque conozco la sala de los tesoros.
Ha de convertirse esta burbuja en el mar
pues soy el secreto
que yace en su fondo.

Shhh…. No más palabras.
Escucha sólo la voz interior
y recuerda lo primero que dijo el Amor:
Tú y yo trascendemos las palabras.

* *Los engaños de este mundo*

119

TÚ Y YO

Cuando tú estás a mi lado,
¡qué momento!
Veo dos rostros y dos cuerpos
pero sólo un alma encuentro:
tú y yo.

Se abren por siempre las flores
y cantan las aves
al entrar en el jardín
tú y yo.

Las estrellas nos observan
y en nuestro rostro descubren
la luz de una luna llena.

No quiero pensar en mí.
No quiero pensar en ti.
Sólo en nuestra unión eterna,
llenos de vida, radiantes,
tú y yo.

Baten sus alas al vuelo
las aves del Paraíso
y descienden
a degustar nuestra risa,
nuestro océano de néctar,
tú y yo.

Qué milagro del destino,
¡tú y yo sentados aquí!
Si despierto y estás lejos
no me importa,
sé muy bien que estás en mí.

Sólo hay un alma en el mundo
y no conoce el adiós.
Ahora es nuestro el Paraíso,
    el deleite infinito
    de los dos.

DOSCIENTOS DIOSES PAGANOS
BORRACHOS EN MI LUNA

¡Doscientos dioses paganos
borrachos en mi Luna!
¡Cien samaritanos pasmados
por un guiño de tus ojos!
Tus palabras reverberan la Verdad
   y prenden la llama
del corazón del escéptico.

El fuego de tu corazón
ha llegado al Cielo
   y tu espíritu de vida
ruboriza al horizonte.

¿Dónde vas, león de Dios?
Tu sello, Salomón, ha coronado
al ángel y al desalmado.

Alma intrépida,
   tan rápido te has deslizado
que no te detienes a ver
el delirio de Amor que has causado.
¡Oyes gritos en el campo de batalla
sin molestarte siquiera en mirar!

Me atraviesan tus ojos
   como una flecha.
Me pierdo en el océano
   de tu mirada.
Tras el dolor abrasador
de la no-existencia,
   ya no estoy.
He desaparecido.
¡Me he convertido en *Shamsuddin,*
   la luz de Tabriz!

Ahora *Shams* narrará la historia
   pues mis palabras son suyas.

EL AMANTE DE DIOS

El amante de Dios
está borracho, pero no por el vino
      y satisfecho, pero no por la carne.

El amante de Dios
vira embelesado y ha olvidado
lo que es comer o dormir.
Es un rey que porta
una simple capa blanca.
Es un diamante brillante
entre las ruinas perdidas.

El amante de Dios
      no es de aire ni de tierra,
      no es de fuego ni de agua.
Es la perla de un océano
que no conoce costas.
Un cielo azul que llueve néctar.
Un paraíso infinito
      de cien Lunas
      y Soles radiantes.

Proviene su sabiduría
de la Verdad suprema,
no de las letras de un libro.
Trasciende la duda y la fe,
no sabe del mal ni del bien.

El amante de Dios
se ha despedido del Vacío
para regresar glorioso.

El amante de Dios
está bien escondido.
Alma mía, ¡ve!
¡Encuéntrale en tu corazón!

¿QUIEN SOY?

¿Qué puedo hacer, hermanos?
¡No sé quien soy!

No soy cristiano, judío,
mago ni musulmán.
No soy del Este ni del Oeste,
de la tierra ni del mar.
No me creó la naturaleza
ni el cielo circundante,
ni la tierra, ni el agua
       ni el fuego ni el aire.

No soy el rey ni el mendigo,
no soy sustancia ni forma.
No soy de India, de China
       ni de otro país vecino.
No soy de Persia
ni de la tierra de Khorasán,
del Cielo ni del Infierno,
       de este mundo
ni del siguiente.

No vengo de Adán,
       no vengo de Eva.
No moro en el Edén
ni en el jardín del Paraíso.
Mi lugar no tiene horizonte,
       mi rastro no deja huella.
Nada es mío:
       no lo es el alma, no lo es el cuerpo.
Todo eso pertenece
al corazón de mi Amor.

Las diferencias
se han disuelto ante mis ojos
y ahora puedo ver
que los dos mundos son uno.
Llamo, busco,
     sé...
       que sólo hay uno.

Te conozco a ti, sólo a ti.
Borracho por el vino de la copa de tu Amor,
los dos mundos
se me han ido de las manos.

Nada tengo que hacer aquí
excepto beber tu néctar
y girar con deleite.

Si sólo un minuto paso sin ti
mi vida no valdrá nada
y sólo por verte una vez, ¡una vez!,
     recorreré los dos mundos
bailando en la gloria eterna.

Shams, amigo, ¡hermano!
Veo tus ojos
     y borracho de tu Amor
     el mundo se disipa
ante mi vista.

Excepto el dulce sabor de tu vino,
     no tengo otra historia que contar.

UN JARDÍN
MÁS ALLÁ DEL PARAÍSO

Todo lo que ves tiene su origen
en un mundo invisible.
Tras el juego de apariencias
subyace la misma esencia.

Las maravillas que ahora ves
pronto desaparecerán.
Las palabras dulces
el viento se llevará.
Pero no te desanimes
pues es eterna la fuente
de la que fluye eternamente
alegría y vida nueva.

No llores por esto, hermano.
¡En ti mora este principio
que hace brotar de sí mismo
al Universo y la Tierra!

La fuente es plena, el manantial eterno.
Dile adiós al sufrimiento
y bebe hasta saciarte
        pues nunca habrá de secarse
este magnífico océano.

Cuando llegaste a este mundo
frente a ti se abrió una puerta
que tú eliges cruzar.
De la tierra fuiste planta
        y de la planta animal.
Después fuiste un ser humano:
        de fe, de intelecto
y de conocimiento estás dotado.

Mira este cuerpo de polvo,
¡qué perfección ha logrado!

¿Por qué has de temer su fin?
¿Has perdido alguna vez
algo al morir?

Al dejar tu forma humana
un bello ángel serás
y tu libertad surcará
los horizontes del Cielo.
Mas no te detengas ahí
        pues los cuerpos celestiales
también se hacen viejos.

Trasciende ese mundo divino
y arrójate de cabeza
al vasto océano de la Conciencia.
¡Que la gota que ahora eres
engendre infinitos mares!

Amigo mío,
        amigo querido,
        escucha a Rumi:
No sólo la gota se convierte en el océano.
Ese océano de Amor
        lleva en sí
        ¡esta gota!

GLOSARIO

Brahmín: Miembro de la clase religiosa de la sociedad hindú.

Corán: El libro sagrado de los musulmanes que contiene las revelaciones de Mahoma.

Derviche: (Lit.: "Hombre pobre"). Aquel que no clama nada como suyo. Aquella persona que lleva a cabo prácticas espirituales bajo la guía de un *Shaykh*, o maestro espiritual. Miembro de la orden sufi.

El agua de la vida: El néctar de la inmortalidad. El agua de Dios que da la vida. Las aguas de la creación.

El Profeta: Mahoma, el fundador de la fe musulmana.

José: José representa la belleza y la pureza suprema. Se le considera la expresión de Dios de la belleza perfecta en forma humana. La historia de José, que abandonó Canaá sumido en la pobreza para regresar triunfante, representa el camino que recorre el alma en este mundo, regresando finalmente al Amor.

Kaaba: Templo musulmán de forma cúbica situado en la Meca. En su esquina suroeste se encuentra la piedra sagrada de color negro que el ángel Gabriel entregó a Abraham. Los musulmanes se inclinan en dirección a la Kaaba cuando realizan sus oraciones.

Khezr: El profeta o santo que se hizo inmortal al beber el agua de la vida. *Khezr* es el santo patrón de los buscadores errantes y aparece misteriosamente para guiarles, protegerles y, en contadas ocasiones, para iniciarles en el camino sufi. También: *Khidr*.

Konya: Ciudad de la Turquía actual donde Rumi vivió la mayor parte de su vida. En ella se encuentra su mausoleo.

Los dos mundos: El Cielo y la Tierra. Este mundo y el siguiente.

Mago: Persona de Magia. Casta sacerdotal de la antigua Persia que consideraba el fuego como el más puro y noble de los elementos y por ello merecía ser adorado como un aspecto de Dios. Eran "los sabios del Este" que mencionan los Evangelios.

Maulana: (Lit.: "Nuestro maestro"). De este modo llamaban a Rumi sus discípulos.

Meca: Ciudad sagrada del Islam donde se encuentra la Kaaba. Es la ciudad natal de Mahoma y el lugar de peregrinaje más famoso entre los musulmanes.

Mevlevi: La orden sufi de los derviches que bailan girando sobre sí mismos. Fue instaurada por Rumi y su nombre viene de la pronunciación en turco de *Maulana* ("nuestro maestro"), título que Rumi regentaba.

Nosotros: Dios refiriéndose a sí mismo. Dios habla a sus discípulos en plural, utilizando la palabra "nosotros" y no la palabra "yo", porque abraza la existencia humana en todas sus manifestaciones.

Pirandeh: (Lit.: "Ave"). Apodo de *Shams*, al que la gente solía ver en dos ciudades distantes el mismo día.

Río Oxus: Antiguo nombre del río Amu Darya, que transcurre por la frontera de la antigua Unión Soviética y Afganistán.

Ruba'i: Viene de la traducción del "cuarteto" árabe. Es un poema de cuatro líneas, de origen persa, donde el primer, segundo y tercer hemistiquio riman. En plural, *ruba'iyat*.

Rubaab: Instrumento de cuerdas de origen persa que emite un sonido muy agudo.

Saaqi: El que lleva las copas. Camarero. Una hermosa mujer que va de mesa en mesa en la taberna sirviendo el vino. Representa la gracia divina y un aspecto del Amor que emborracha el alma al servir su vino. Esta referencia viene del Corán, que describe a Dios como "aquél que nos da de beber".

Sa'maa: (Lit.: "Audición"). Danza sagrada de los derviches que consiste en girar sobre uno mismo. Los giros del cuerpo humano representan los movimientos del Universo. Este término se refiere también a cualquier práctica sufí que conlleve música y canto.

Shams-e Tabriz o Shams de Tabriz: ("El Sol glorioso de Tabriz"). El maestro espiritual de Rumi que vino de Tabriz, una antigua ciudad al noroeste de Irán. También: *Shamsuddin, Shams Din* o *Shams*.

Shaykh: Maestro espiritual de la tradición Islamita. También: *Sheik*.

Sultan Walad: El hijo mayor de Rumi. Fundó formalmente la Orden *Mevlevi* de bailarines derviches.

METÁFORAS SUFIS

Amado, Amor: Dios en su aspecto más amoroso, plenamente accesible y fácilmente percibido por el buscador. Nuestra propia alma. El origen de nuestro anhelo. El alma (amante) busca a Dios (el amado). También: *Amante, cariño.*

Amigo: El Amor, el Amado considerado un querido amigo con quien el buscador puede compartir sus pensamientos más íntimos.

Borrachera: Embriaguez divina. El alma seducida por el Amor de Dios.

Brisa: El aliento del Amado, que da la vida.

Cabello (pelo, maraña): El poder de la ilusión: *Maya.* También: "trenza", "rizos" o "guardapelo".

Cuervo: Una fuerza oscura o negativa que acecha al alma.

El gran Ave: La naturaleza trascendente de Dios. Aquél que puede volar a cualquier parte.

Espuma: Formas externas y superficiales (de la existencia limitada) que disfrazan la inmensidad del océano infinito (Dios).

Flauta: Un símbolo que representa el anhelo del alma por reunirse con Dios. La flauta, una vez cortada del junco, vive el resto de su vida llorando y deseando regresar a su origen.

Halcón: El alma, a la que a menudo se retrata como atrapada en este mundo físico y reclamando la mano del rey (Dios).

Impostor: El aspecto de Dios que engaña al alma, haciéndola creer que está limitada a su forma humana. Ilusión.

Jardín: La belleza y la dicha del Paraíso. Un estado interior hermoso y armonioso. Una representación del poder creativo de Dios. El lugar en este mundo, o en el siguiente, donde los amantes se reúnen con el Amor.

Jardín (de rosas): El Paraíso de eterna belleza.

Lenguaje de las aves (habla de los pájaros): Las palabras del espíritu que transcienden los límites de este mundo.

Matar, asesinar, morir: La destrucción del ego y de su sentido limitado de identidad. Se refiere especialmente a la ruptura de la identificación de la persona con el cuerpo físico. La palabra persa es *fana*, que suele traducirse como "aniquilar".

Noche de bodas: La unión final del alma (amante) con Dios (el Amor, el Amado). También se refiere al último día, el día de la unión final en el que un santo deja este mundo.

Océano: Dios en su aspecto ilimitado. El Universo.

Perla: La perfección y la belleza de la personalidad del individuo. El verdadero ser de la persona que rebosa sabiduría divina.

Quemarse: El doloroso proceso de purificación que quema el ego de la persona y su sentido de existencia como ente individual.

Rey: Dios. Aquél que rige el Universo. Una referencia para el Amor o el Amado.

Rosa: La belleza perfecta y eterna del Amor. A menudo, esta imagen aparece yuxtapuesta a la de la espina, que forma parte de la rosa y la protege y, a pesar de ello, es considerada como algo contrario u opuesto a esa belleza.

Rostro: La verdadera forma de Dios, no distorsionada por los velos del mundo.

Ruiseñor: El alma que busca al Amor y su aspecto de belleza eterna (representado por la rosa). El alma expresa este anhelo cantando.

Vino: Néctar. El amor embriagador de Dios.

VERSOS DEL PROFETA

He aquí algunas citas del Corán (las revelaciones del profeta) y de las Tradiciones (dichos atribuidos al profeta), mencionadas frecuentemente por los sufís y en las que se basa el corazón de sus enseñanzas.

DEL CORÁN

A Dios pertenecen el Este y el Oeste. En cualquier dirección a la que mires, he ahí el rostro de Dios (2:115).

A Dios pertenecemos y a Él regresaremos (2:156).

Si mis devotos preguntan por mí, diles que de seguro estoy cerca, muy cerca de ellos (2:186).

Los siete Cielos, la Tierra y todas las criaturas que en ellos moran proclaman la gloria de Dios. Todo lo que existe celebra Su gloria (14:44).

No hay otro Dios más que Él. Todo habrá de desvanecerse, excepto su rostro (28:88).

[Salomón] dijo: "¡Gente de este mundo! Hemos aprendido el lenguaje de las aves y Él nos ha otorgado todos los dones. Esto es la Gracia" (27:16).

Siempre tiene lugar la voluntad de Dios (22:18).

La vida en este mundo no es más que juego y sorpresas (47:36).

Nosotros (Dios) creamos al hombre y conocemos nosotros el profundo anhelo de su alma, pues estamos más cerca de él que su propia yugular (50:30).

El mundo está lleno de señales para quienes tienen verdadera fe. Hay señales también en vosotros mismos. ¿Por qué no las veis? (51:20-21).

He creado al hombre y al alma por una razón: para que puedan conocerme (51:56).

DE LAS TRADICIONES

Era yo un tesoro escondido y deseé ser encontrado. Por eso creé este mundo: para volver a ser hallado.

En verdad, mi clemencia toma preferencia frente a mi ira.

Dios es hermoso y ama la belleza.

El trono de Dios se encuentra en el corazón del hombre.

Nadie puede conocer a Dios si no ha conocido antes a su mensajero.

Quien se conoce a sí mismo, conoce a su Señor.

REFERENCIAS

Los números que aparecen a continuación indican los poemas hallados en la colección de poemas de Rumi, *Divani Shamsi Tabriz (Kulliyat-i Shams)*, de la edición de Isfahan (Amir Kabir Press). La "t" indica que el trabajo ha sido encontrado en la edición de Furuzanfar, volumen 8 (Universidad de Teherán). La edición de Isfahan, que contiene más entradas que la edición, más erudita, de Furuzanfar, contiene cuartetos de manuscritos tempranos y de la transmisión oral de Rumi. El símbolo "?" indica cuartetos que son atribuidos a Rumi pero no aparecen en las ediciones de Isfahan o Furuzanfar.

CUARTETOS

El amado (Pág. 1)

Pág. 2: 1408 (también en Attar), 238, 55

Pág. 4: 285, 784, 511, 80

Pág. 6: 569, 910, 428, 1474

Pág. 8: 797t, (?), 956, 193

Pág. 10: 720, 942t, 983, 334

Pág. 12: 454, 839t, 208, 64

Pág. 16: 1344, 926t, 1330, 1318

Pág. 18: 832, 479t, 1160t, 858

Pág. 20: 268, 863, 297, 1019t

Pág. 22: 1035, 749, 245t, 1169

El camino Sufi (p. 23)

Pág. 24: 91, 750t, 464, 831
Pág. 26: 280, 674, 729, 1188t
Pág. 28 : 805, 1348t, 1315, 1188t
Pág. 30: 773, 830, 405t, 686
Pág. 32: 1091, 834t, 66, 1022

La embriaguez divina (p. 35)

Pág. 36: 684, 1306, 926, 1431
Pág. 38: 1159, 97, 670, 802
Pág. 40: 904, 629t, 1050, 261
Pág. 42: 470, 1164, 823, 567

Enseñanzas (p. 45)

Pág. 46: 84, 598, 393, 230
Pág. 48: 305, 369, 768t, 1228
Pág. 50: 77, 1504, 1237t, 1238t
Pág. 52: 1239t, 1246, 1129, 593
Pág. 54: 745t, 551, 1798, 775
Pág. 56: 719t, 827, 1246

El amante que cautiva el corazón (p. 59)

Pág. 60: 557t, 1854, 533, 1080
Pág. 62: 677, 210, 650, 809
Pág. 64: 1279, 1287, 1044, 269
Pág. 66: 1230, 490, 735, 1076
Pág. 68: 681, 1359, 1087, 742t
Pág. 70: 911, 1128, 340, 1115
Pág. 72: 276, 1118t, 912, 430
Pág. 74: 1312, 161, 368, 361

La unión (p. 77)

ODAS

Los números que siguen a cada oda (ghazal) corresponden a la numeración hallada en el *Diván Shamsi Tabriz* (Kulliyat-i Shams) de la edición de Isfahan (Amir Kabir Press). Los números precedidos de "N" indican las odas halladas en "R. A. Nicholson, Poemas Selectos del *Divani Shamsi Tabriz*". Las odas han sido traducidas del texto original, a excepción de las siguientes, que aparecen en la traducción literal a inglés de Nicholson y Arberry y han sido interpretadas por Jonathan Star: 598 (Viniste a ver la puesta de Sol); 1919 (Esto es Amor); N8 (El amante de Dios); N31 (¿Quién soy?); N12 (Un jardín más allá del Paraíso).

Un jardín más allá del Paraíso

Poemas de Amor de Rumi

"La feliz colaboración entre Jonathan Star y Shahram Shiva ha resultado en una nueva y brillante traducción de los poemas de amor de Rumi. "Un jardín más allá del Paraíso" capta el espíritu de este poeta místico en un vibrante lenguaje, accesible al lector actual. Como nunca antes, Jonathan Star y Shahram Shiva nos permiten sentir la intensa pasión y el ardiente deseo de unirnos al Amor".

— Victor H. Mair. Traductor del *"Tao Te Ching"*.

"La poesía de Rumi es un camino directo al Absoluto. Su versión de la unidad con Dios, radical y sorprendente, siempre ha caracterizado los sueños más intrépidos del entendimiento humano y es la base del auténtico misticismo. Este material es de alto voltaje. Léelo con cuidado".

— Larry Dossey. Autor de *"Tiempo, espacio y medicina"*.

"La poesía de Rumi es extática. Aquí, el amor de Dios, el amor de la vida y el amor humano se funden en un torrente de pasión. Estos versos tan hermosamente traducidos por Jonathan Star y Shahram Shiva han rememorado emociones y han cautivado mi alma de una forma que no había sentido durante años. Éstas son palabras curativas".

— Deepak Chopra. Autor de *"El camino de la sabiduría"*.

ISBN: 84-609-6509-0

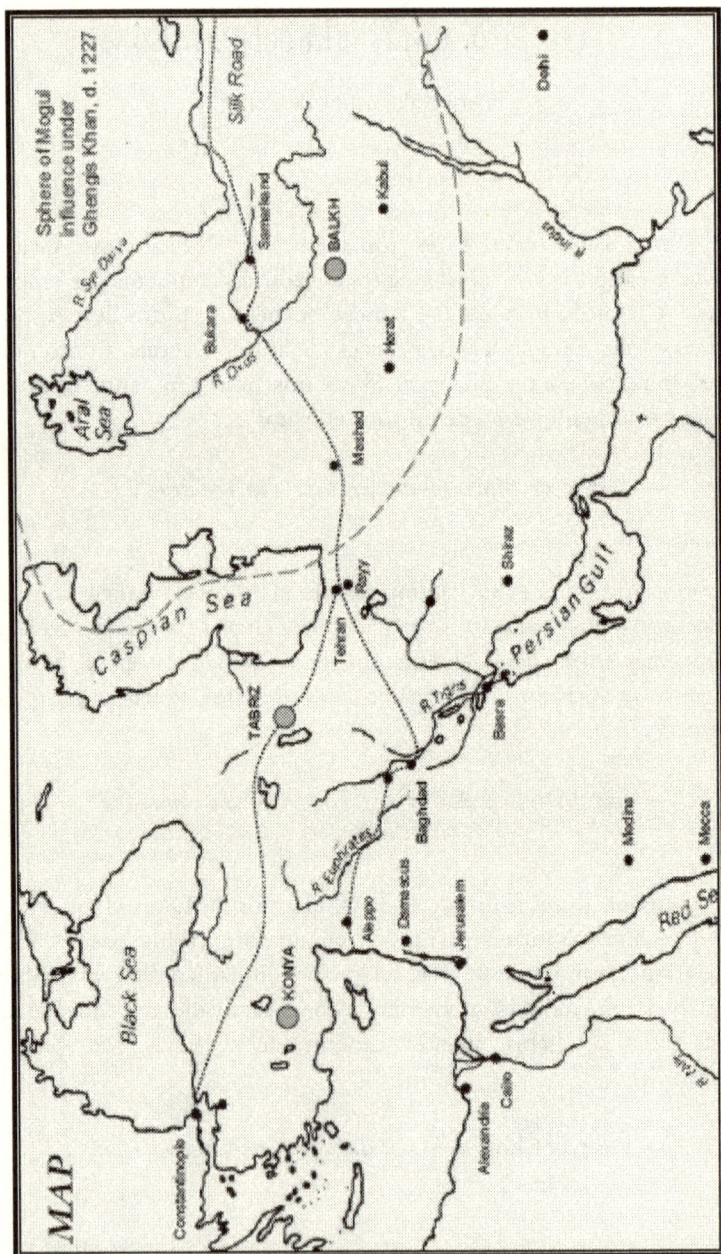

Sphere of Mogul
influence under
Ghengis Khan, d. 1227

Silk Road

Delhi

Kabul

Samarkand

BALKH

R. Syr Darya

Bukara

Herat

R. Oxus

Aral
Sea

Mashad

R. Indus

Caspian Sea

Rayy

Shiraz

Tehran

Persian Gulf

TABRIZ

R. Tigris

Basra

Black Sea

R. Euphrates

Medina

Mecca

KONYA

Aleppo

Damascus

Jerusalem

Baghdad

Red Sea

Constantinople

Alexandria

Cairo

R. Nile

MAP

144

Un jardín más allá del Paraíso

Poemas de Amor de Rumi

www.ingramcontent.com/pod-product-compliance
Lightning Source LLC
Chambersburg PA
CBHW020900090426
42736CB00008B/442